MANUEL MORAL

DE

L'HOMME PUBLIC.

LA VÉRITÉ

A CEUX QUI GOUVERNENT,

OU

MANUEL MORAL

DE L'HOMME PUBLIC.

Par PIERRE BLANCHARD.

> Aristide fut banni injustement, et ne se plaignit point; il occupa les premiers emplois de la République, et mourut pauvre.

A PARIS,

AU BUREAU GÉNÉRAL DU MERCURE DE FRANCE, chez CAILLEAU, Imprimeur-libraire, rue de la Harpe, n°. 461, en face de celle des Cordeliers.

Et chez DUCHESNE, Libraire, rue des Grands-Augustins, n°. 30.

AN VII.

PRÉFACE.

ÉPICTÈTE, dans des fragmens recueillis sous le titre de *Manuel*, donne à l'homme des leçons propres à le soutenir contre les maux qui empoisonnent la vie, et contre les penchans vicieux qui tendent sans cesse à la dégrader. J'ai essayé, à son exemple, de bégayer, non des leçons, mais quelques conseils à l'homme qui tient dans ses mains le destin de ses semblables. Ce n'est pas moi qui aurais dû écrire ce livre, sans doute nécessaire (et peut-être utile); il serait important qu'il fût l'ouvrage d'un homme que l'expérience de la chose même eût éclairé, et à qui une vertu intacte permît de parler sans réticence, et sans la crainte qu'on lui reprochât d'enseigner des principes qu'il aurait méprisés. Quelle force alors n'auraient pas ses leçons! Son ouvrage pourrait devenir un bienfait pour l'Univers. Celui qui tremble à la vue de ses devoirs, n'aurait pas le droit de lui dire : il parle de ce qu'il ne connaît point; et le lâche, qui brûle d'être coupable, ne pourrait opposer à de sages conseils la conduite de celui qui les lui donnerait. La voix de l'homme juste serait respectée, et ce respect tournerait au profit de la vérité.

Je suis loin d'avoir cet avantage, peut-être le seul réel dans ce cas. J'ai cependant osé écrire; j'ai pris mes vœux pour des espérances, et je me suis dit : Puisque je suis homme, j'ai le droit de parler à mes semblables, et je puis espérer de trouver dans leurs cœurs les vertus que le ciel a permises à l'humanité : Je m'adresserai donc à leurs cœurs.

Peu de monde me liront peut-être; moins encore me liront avec l'intention sincère de tirer quelque profit de cette lecture; je ne m'honorerai pas moins d'avoir écrit cet ouvrage, cependant. L'homme qui consacre ses veilles à ses semblables, ne doit attendre sa ré-compense que de la satisfaction qui naît d'une intention pure, car il en aura rarement une autre.

Quand on prend la plume pour écrire en faveur de l'humanité, on éprouve un sentiment déli-cieux, qui nous apprend que nous portons en nous le desir du bien; mais bientôt, en considérant cette longue suite d'erreurs, de crimes et de maux qui ont couvert la terre, le charme s'évanouit, le courage se perd et la plume s'é-chappe. On a tout dit pour le bien, on a tout fait pour le mal: il ne reste plus, en cela, d'autre espérance que celle que nous permet le passé. A cette cruelle réflexion, le philosophe serait tenté de rejetter le voile sur la Vérité, et de s'écrier : reste dans les ténèbres, Vérité, ils ne sauront jamais te voir !

Il aurait tort cependant. L'expérience de la vie entière du monde nous apprend qu'on ne doit rien attendre des hommes en général, mais beaucoup de quelques-uns en particulier. Un effort généreux n'est jamais entièrement perdu, on doit le faire ; on devrait même le faire quand ce ne serait que pour soi-seul : et est-il donc inutile, cet effort, quand il nous vaut quelque honneur et quelque

contentement de nous - mêmes ?
Gardons-nous de le croire : ce
serait mépriser la satisfaction que
donne la vertu. Croyons plutôt
que le succès surpassera notre
espoir ; cette perspective encou-
rageante ne nous laissera jamais
en arrière de nos devoirs, et ce
que nous pourrons faire pour la
société , ne restera plus un desir
stérile.

Cette réflexion me conduit na-
turellement à dire quelques mots
des devoirs du citoyen, et ils ne
seront point déplacés ici. Ils con-
sistent, comme ceux de l'homme
public , à faire ce que chacun de
nous peut en faveur de la société.

Il faudrait être bien mal intentionné pour ne pas faire , au moins , le bien qui est à notre portée ; cette action si simple n'est , en quelque sorte , qu'un souvenir de l'humanité , c'est seulement dire , par le fait , je ne suis qu'un homme. Le patriotisme va plus loin ; il ne s'en tient pas au bien qui est sous sa main , il va chercher celui que les dangers environnent et qui doit faire , non le bonheur d'un individu , mais le bonheur général ; il se dévoue, il vit de l'idée qu'il fera des heureux , et se présente généreusement à une mort qu'il sait être utile.

Ces nobles sentimens , j'en

conviens, ne peuvent animer tous les cœurs ; laissons aux héros la gloire qu'ils ont le courage d'acquérir, et n'exigeons du commun des hommes que la probité qui fait s'abstenir du mal, et la simple *charité* (1) qui fait faire le bien qui est en notre pouvoir. Ah ! si nous avions seulement ce courage si facile, quel service ne rendrions-nous pas encore à la société! C'est cependant notre propre intérêt que nous méprisons ; nous méprisons même l'honneur que l'on a

___

(1) Ce mot, beaucoup plus expressif que dans l'acception où je le prends maintenant, semble n'appartenir qu'au style mistique des chrétiens ; les philosophes doivent cependant le revendiquer, il le mérite.

d'avoir été utile à sa Patrie, et la satisfaction que l'on trouve à l'habiter, lorsque notre cœur est plein du plaisir de cette action; nous méprisons le sentiment qui nous rend nos semblables plus chers, et nous fait glisser plus facilement sur la carrière pénible de la vie. N'est-ce donc pas la source de tout bonheur que la conscience d'avoir fait quelques sacrifices en faveur de ses frères! Ah! craignons, avant tout, qu'un lâche égoïsme ne nous ôte cet honorable moyen d'être heureux! Quelque soit notre situation, nous pouvons quelque chose pour nos semblables; ne restons donc point le cœur vuide de souvenirs salutaires ; la fortune de l'homme est assez rebelle ; eh bien ! sachons la maîtriser en plaçant en nous le bonheur que nous ne sommes pas sûrs de trouver au-dehors.

Paris, ce 30 *messidor an* 7.

TABLE.

	Pages
Préface.	5.
Fragment premier. *Introduction.*	17.
Fragment II. *Gloire du Magistrat intègre.*	26.
Fragment III. *De l'affabilité.*	34.
Caractère.	38.
Autre.	39.
Autre.	40.
Autre.	41.
Autre.	*id.*
Fragment. IV. *De ceux qui, dans leur élévation, méconnaissent leurs anciens amis.*	43.
Caractère.	*id.*
Fragment V. *De ceux qui, sans choix, élèvent leurs parens et leurs amis.*	45.
Caractère.	*id.*
Fragment VI. *De la simplicité dans les mœurs.*	48.
Caractère.	54.
Quelques pensées sur le même sujet.	56.
Fragment VII. *Des Mœurs.*	61.
Fragment VIII. *Oubli des injures.*	63.
Fragment IX. *De la Fermeté.*	65.
Caractère.	68.
Fragment X. *Il ne doit point y avoir de crainte pour l'homme public.*	69.
Caractère.	72.
Autre.	73.

	Pages
AUTRE.	75.
FRAGMENT. XI. *De la manière d'accorder.*	77.
FRAGMENT XII. *De l'obéissance aux Lois.*	79.
FRAGMENT XIII. *Des hommes que leurs places corrompent.*	83.
FRAGMENT XIV. *Des punitions.*	86.
FRAGMENT XV. *De ceux qui veulent se perpétuer dans les places.*	89.
FRAGMENT XVI. *De ceux qui sont victimes de l'injustice.*	95.
FRAGMENT XVII. *Il faut servir sa Patrie, quelqu'injuste qu'elle soit.*	101.
FRAGMENT XVIII. *Qu'il ne faut point chercher une gloire qui serait funeste à la Patrie.*	103.
FRAGMENT XIX. *L'homme public doit être en garde contre la séduction, et ferme contre l'ambition qui veut perdre la Patrie.*	108.
FRAGMENT XX. *Il faut refuser les places auxquelles on n'est pas propre.*	111.
FRAGMENT XXI. *De la politique qui base sa puissance sur le sang et les ruines.*	114.
FRAGMENT XXII. *Que les sueurs et le sang du Peuple soient épargnés.*	121.
FRAGMENT XXIII. *Réflexions sur la brièveté de la vie.*	128.
CONCLUSION.	120.

Fin de la Table.

LA VÉRITÉ

A CEUX
QUI NOUS GOUVERNENT.

FRAGMENT PREMIER.

INTRODUCTION.

L'HOMME est né bon, a-t-on dit; cela est vrai, mais il a un trop grand intérêt à cesser de l'être. C'est cet intérêt qui le conduit à tous les vices qui le dégradent, et aux crimes qui le mettent en horreur. La société, telle que les passions et les événemens l'ont disposée, semblent quelquefois, je dirais presque toujours, établie pour l'avantage du moins honnête homme. Il y aurait de la folie à vouloir réformer un ordre de choses qui paraît régner depuis le commencement du monde, et qui n'a pas empêché les générations de se succéder; il faut prendre les hommes pour ce qu'ils sont, en tirer le meilleur parti possible, et se consoler sur le reste.

L'intérêt personnel, principe conservateur des individus, est, en même-tems, la source des maux qui désolent la société en général; il n'y a que deux digues à lui opposer : la crainte et la vertu; la première vient des lois, l'autre des cœurs justes. Après de bonnes lois, j'entends celles *qu'on ne peut mépriser impunément*, le plus beau présent que l'on puisse faire à une société, est d'élever assez l'ame des individus pour qu'ils *mettent de l'honneur* à se faire estimer. Ce but, dans l'éducation, devrait être le premier, mais nous nous croirons toujours assez vertueux (1). A la

----

(1) J'oserais presqu'assurer que les sciences morales ont encore bien du tems à attendre avant de se voir en honneur au milieu de nous, et avant de devenir la base *réelle* de notre instruction; j'en dirais

vérité, les sciences morales n'ont pas besoin d'être enseignées ; il n'y a personne qui ne sache qu'il faille être honnête homme. Aussi, n'ai-je point intention, dans cet ouvrage, de m'appesantir sur ce que chacun sait. J'essaye de parler au cœur encore sensible, et quelquefois je fais entendre la voix d'un homme libre au lâche qui ne sait plus estimer que ce qui attire le mépris. Dans un pays libre, tout citoyen a droit d'élever la voix : ce droit me suffit pour en user ; il y a plus, dans certaines circonstances, ce droit devient un devoir : du moment où l'on croit que l'on ferait bien de parler, en se taisant, l'on est coupable. Je puis peu de chose, sans doute, mais quand je ne répéterais que ces mots : *soyez justes*, ces mots que le peuple devrait COMMANDER avec plus d'énergie, j'aurais

---

bien la raison ; mais ce n'est pas ici le lieu ; je me contenterai d'observer que les pères de famille les plus vertueux, sont ceux qui inspirent le plus facilement les vertus à leurs enfans.

B 2

beaucoup fait encore ; j'aurais lancé une crainte de plus dans le cœur de l'homme coupable, et j'aurais appris au magistrat orgueilleux qu'il nous doit tout, et que nous ne lui devons rien, pas même le respect, lorsqu'il a perdu le droit sacré de l'exiger, le *titre d'honnête homme.* Nous sommes trop portés à entourer d'éloges ceux que nous avons placés au-dessus de nous ; nous ressemblons à ce statuaire qui fit un dieu, dès que nous avons placé l'idole sur l'autel, nous nous prosternons devant elle ; il vaudrait beaucoup mieux que nous fussions muets ou sévères. L'homme ne se corrompt qu'aux accens de la flatterie ; entraîné par ce penchant secret, qui la conduit au despotisme, il se permet tout ce qu'on n'a pas le courage de lui empêcher ; et lorsqu'il est devenu notre maître, il nous punit de notre lâcheté et de ses propres crimes. Il faut se taire alors ou louer. Malheur aux états, et surtout aux états républicains, où, chaque jour, le magistrat n'entend pas un avertissement utile qui le fasse pâlir de crainte, s'il est coupable ou prêt à le devenir ! C'est lorsque l'on a accoutumé l'oreille de l'homme public au silence de la vérité, que sa voix lui déplait; il a eu le tems de devenir orgueilleux ou criminel, il ne veut plus entendre que ce qui rentre dans ses intérêts. Pour le certain, du moment où il étouffe cette voix salutaire, il s'est jugé lui-même devant le peuple, il a montré que sa conscience n'était point sans reproches.

J'aime beaucoup mieux, cependant, tenter d'élever l'ame, que de chercher dans les replis du cœur ce que j'y pourrais trouver d'humiliant pour l'espèce humaine. C'est moins souvent le desir de mal faire qui nous entraîne, que l'oubli de nos devoirs qui nous laisse aller au torrent de l'exemple. Une voix amie qui, dans ce moment, nous crierait : malheureux ! que vas-tu faire ? tu es juste encore, tu peux paraître, avec la noble assurance de la vertu, devant les hommes ; demain tu seras avili , demain tes complices mêmes te mépriseront, et si tu oses encore parler de vertu, ton cœur te démentira , et tu t'appercevras que le masque de l'hypocrisie ne tient qu'avec peine même sur la figure du plus effronté. Cette voix salutaire suffirait. L'homme, prêt à devenir coupable , rentrerait en lui-même, il envisagerait , avec une secrette horreur, la perspective d'une vie qu'il faut, malgré lui, passer dans l'ignominie ; l'igno-minie qu'on ne dérobe point par l'appa-rence ; celle que la voix publique propage, étend, fait vivre, rend immortelle ; celle enfin qui vient s'asseoir sur la tombe du malheureux qu'elle a couvert. C'est envain qu'il s'entoure d'or et d'argent, c'est en-vain qu'il attire à lui une foule brillante d'êtres méprisables, celui qui s'est enrichi aux dépens de la justice, celui qui a arra-ché au peuple le fruit de ses sueurs, son sang même : c'est envain qu'il tient la foudre que nous avons la faiblesse de lui laisser ; la renommée est invisible, elle pénètre par-tout, elle a publié tous ses crimes, et, lorsque d'un front criminellement hardi, il traverse, dans son char radieux, la foule qui le haît et garde le silence, l'*ignominie* est sa compagne fidelle, c'est elle que chacun voit à côté de lui, lui seul est assez aveugle pour ne point l'appercevoir ; chacun pense à sa honte, lui seul l'a oublié ; ou s'il ne l'a pu, il s'imagine follement qu'il est au moins parvenu à la concentrer toute entière dans son cœur déchiré. Non ! personne n'échappe à la justice de l'opinion. Il faut que le lâche, qui a oublié les devoirs de la vertu, soit au moins méprisé.

On a trop écrit pour le bonheur et l'instruction des hommes, pour que l'on puisse raisonnablement espérer aujourd'hui un grand succès d'un nouveau travail sur le même sujet. On ne doit jamais se décourager cependant ; une vérité utile, en se faisant entendre à plusieurs oreilles, ne les frappe pas toutes en pure perte. J'ai pensé qu'une espèce de *Manuel moral*, à l'usage de l'homme public, ne pouvait être tout-à-fait inutile ; c'est un ami que je présente à l'homme en place, un conseiller sans passion , qui, à toutes les heures du jour, sera prêt à lui dire la vérité, non à moitié et par détours, comme font les hommes timides, mais entièrement et avec franchise. Qu'il daigne le consulter, il lui rappellera ses devoirs, il le soutiendra dans une carrière où il n'est malheureusement que trop facile d'être malhonnête homme ; et peut-être, au bout de l'année, lui devra-t-il quelque chose de sa probité. Homme, j'ai dû dire à ma manière à ceux qui tiennent, dans leurs mains, mon bonheur et mon malheur : *soyez justes* ; Français, j'ai le droit de le leur ordonner. Je mets peu d'ordre dans cet ouvrage, mais je l'écris avec la jouissance que donne l'espoir de produire quelque bien. Je laisse aller ma plume au gré de mon ame ; partout, mes sentimens me fourniront des idées. Je n'articulerai pas un seul nom dans cet écrit ; mais si, quelquefois, le coupable s'y reconnaît, je l'accuse du moment où il osera élever la voix : il se sera trahi. C'est son ame que je chercherai ; malheur à elle, si elle se fait horreur !

Il me reste à faire un vœu ; c'est de mettre, dans ce livre, assez de talent pour qu'il puisse être lû ; le talent ne fait point la vérité, mais il lui donne de la force, il contraint les hommes à l'écouter, il sait l'insinuer dans les cœurs ; le génie la commande. J'aurais souvent besoin de la franchise originale de *Montaigne* ; je voudrais toujours avoir l'ame de *Rousseau* ; je ferais plus d'effet, et j'aurais plus approché du but que je me propose.

FRAGMENT DEUXIÈME.

Gloire du magistrat intègre.

Veux-tu faire à ta patrie un
présent digne d'elle ! sois homme
de bien.   ÉPICTÈTE.

IL y a une vraie gloire à se trouver
chef de ses semblables par leur volonté
même, et je conçois facilement la satisfaction de l'homme de bien, qui se sent
digne de la confiance que l'on a eue en
lui ; mais je ne puis concevoir qu'après
un tel honneur on consente à s'avilir, et
que l'on n'ait attiré sur soi cette marque
de confiance publique que pour y attirer
ensuite la malédiction.

Une place dans le gouvernement semble
n'être désignée qu'au plus sage, au plus
homme de bien, et il se trouve des êtres
assez vils pour ne l'envisager que sous le
rapport de l'intérêt ; j'en retirerai tant,
disent-ils, et ils s'y glissent comme le

serpent, ou s'y avancent comme le tigre.
Ils vont se placer à un poste honorable
pour y paraître plus hideux, et semblent
ne s'élever que pour se désigner au mépris
public ou à la haine générale. Malheureux!
la gloire de l'homme de bien, ou l'avilis-
sement du coquin, ne sont rien pour
vous (1). Que vous importe? pourvu que
vous soyez riches et puissans ; vous trou-
verez toujours assez de lâches pour s'humilier devant vous, et vous vous croirez
honorés. Avancez donc par la voie de
l'iniquité, puisque sur cette terre tous les
avantages sont pour celui qui sait mieux
fouler aux pieds les vertus et leur gloire.

Quel honneur cependant ne rend-on pas
au magistrat, dont la probité donne plus de
force et de confiance aux lois! On le regarde
comme le temple même de la justice. On
ne le voit qu'avec un saint respect. C'est

____

(1) Pourquoi les malhonnétes gens rougiraient-ils
de l'être, quand on ne rougit plus de leur faire ac-
cueil? Duclos. *Consid. sur les mœurs.*

l'homme chargé des intérêts du peuple, et son cœur aime l'équité. Avec quel plaisir on en parle, avec quelle douce tristesse on rappelle sa mémoire quand il n'est plus ! IL ÉTAIT JUSTE ! dit-on. Quel éloge ! Le jeune homme ne rencontre son image qu'avec une douce émotion ; l'homme de bien la contemple avec une vénération véritable. Et vous ne désireriez pas une gloire aussi vraie, aussi touchante ! Hommes sans courage ! Vous vous méprisez donc bien vous-mêmes, ou vous nous estimez bien peu, si nos louanges ne vous flattent point, si elles ne mettent point dans vos cœurs le desir de nous rendre heureux par vos vertus ! Et que faut-il pour mériter cette gloire ? Bien peu de choses souvent, quelques privations de biens imaginaires, comme de ne pas aller en équipage quand il n'y a qu'une fortune injuste qui nous permette d'en avoir un, de ne pas tenir table ouverte, de ne pas avoir des châteaux pour asyles ; toutes choses dont on se passe

facilement sans s'en trouver plus malheureux.

Ce n'est point pour faire sa fortune ou
satisfaire son orgueil qu'on parvient à la
tête du peuple. Je défie celui qui y apporte de telles dispositions de n'être pas
un coquin ou un tyran. Du moment où
un honnête homme est revêtu d'une
charge publique, il fait, en quelque sorte,
abnégation de lui-même, ce n'est plus
pour lui qu'il vit, c'est pour ses semblables.
Il a mille sacrifices à faire : le premier est
de ne point songer à lui, et le second
de n'être jamais faible avec ceux qui
songent trop à eux-mêmes. L'égoïsme et la
faiblesse sont deux écueils funestes dans le
cours de la vie de l'homme privé; dans celle
de l'homme public, ce sont deux sources in-
tarissables de maux. Il est une passion noble
que je voudrais voir dans le cœur de
l'homme en place, c'est celle de la gloire
que donne la probité. Cette passion lui
vaudrait mille vertus, et le peuple lui dé-

vrait quelqu'avantage. On pourrait tout attendre de lui ; et que peut-on attendre de cette ame basse qui s'est faite centre de tout, qui rapporte tout à elle, qui méprise le reste, et ne jouit que lorsqu'elle se dégrade ? *COMTEMPTU FAMÆ CONTEMNI VIRTUTES*, dit le profond Tacite. Du moment qu'un homme méprise le jugement de ses semblables, c'est qu'il se sent trop avili pour imaginer qu'on puisse l'estimer encore ; il ne lui reste plus qu'à tout sacrifier à lui-même, il n'a rien à ménager. Après l'amour des devoirs, qui naît de la vertu même, il n'y a que l'amour de la réputation qui puisse retenir l'homme public ; ce n'est qu'une vertu factice, qui, à la vérité, quelquefois peut conduire à la vertu même, mais dont les résultats sont les mêmes pour le bien général. Quoi de plus noble cependant, que ce desir de vivre honoré dans la mémoire des hommes ! Il faut déjà être vertueux pour avoir ce desir salutaire à la société. Lorsque l'on entend

les éloges de ces Grecs illustres, de ces
Romains austères, qui ont honoré l'humanité, rendu l'antiquité glorieuse, et couvert de respect la pauvreté même, quel
doux tressaillement ne sent-on pas au-dedans
de soi, quel sentiment généreux ne vient
pas nous animer? qui ne voudrait pas avoir
vécu ainsi! Hommes publics! voilà de grands
modèles! quand on les contemple, le cœur
s'élève, et l'injustice paraît bien vile. Ces
hommes-là avaient un caractère bien au-dessus
des petites misères qui en tourmentent tant
d'autres. Est-il étonnant qu'ils aient fait des
actions si grandes? ils avaient l'ame élevée,
le cœur ferme, ils pouvaient avoir une haute
idée d'eux-mêmes; et ce n'est guères que
lorsque l'on a le droit de bien penser de
soi qu'il est facile d'être un grand homme.
Le génie et la générosité partent naturel-
lement d'une conscience paisible, satis-
faite.

Comment l'homme, qui n'a pas encore
à rougir devant ses semblables, peut - il

franchir le pas qui sépare l'honnête du criminel ? Il y a un si noble orgueil à se sentir d'une probité intacte ! Il est si horrible d'avoir à rougir jusques devant soi-même ! Insensé, qu'espères-tu ? Si le bonheur te rit, tu ne seras méprisé qu'en arrière, il est vrai ; mais enfin tu le seras. Mais si la fortune te trompe, personne ne te ménagera alors ; quelle consolation te restera-t-il ? Comment te plaindras-tu des hommes ? Que te diras-tu, à toi-même, pour adoucir tes maux ? Il ne restera que la rage du désespoir ; et, s'ils parviennent à tes oreilles, tu entendras les malédictions, les justes malédictions que tu as élevées.

C'était bien la peine de se souiller, c'était bien la peine de faire souffrir ses semblables, si l'on n'en devait recueillir qu'un fruit si amer, si l'on ne devait se préparer qu'un malheur sans consolation ?

Heureux ! oh ! heureux l'homme qui, au tems de l'infortune, peut se dire : je n'ai rien mérité des maux qui m'accablent ! Il

lève

lève les yeux vers le ciel, il les y lève sans crainte. Ses prières ont la douceur de l'innocence. Il souffre , mais il dit : *je suis juste* ; et il n'y a point de consolation qui vaille celle-là.

Il y a même dans les souffrances injustes un sentiment de plaisir qui adoucit leur amertume ; il y a un honneur qui console de tout ; et celui qui se plaindrait d'avoir souffert comme Aristide, dévoilerait l'ame d'un lâche.

FRAGMENT TROISIÈME.

De l'affabilité.

> L'homme à qui tu parles est
> ton semblable.

L'AFFABILITÉ suppose quelque vertu. Elle annonce de la douceur, de la modération et de l'estime pour les hommes, nos semblables. Elle est absolument nécessaire à l'homme public. C'est par elle qu'il commence à gagner les cœurs, c'est par elle qu'il fait encore croire qu'il n'a pas oublié ses devoirs, et que le bonheur de la société est encore de quelque prix à ses yeux. Souvent elle n'est qu'un masque ; mais elle dérobe, au moins, ce qu'a de triste et d'humiliant, pour l'humanité, le despotisme qui se montre dans sa morgue. On est toujours porté à haïr celui qui nous fait sentir durement notre dé-

pendance. Du moment où il nous traite
avec dureté ou orgueil, nous nous croyons
en droit de le regarder comme un mauvais citoyen. En effet , puis - je imaginer
que je suis citoyen d'un état libre ; d'un
état où les lois ne mettent aucune différence entre les hommes, lorsqu'approchant
d'un homme public , il faut déjà que je
tremble, comme un vil esclave, sur l'ac-
cueil qu'il va me faire ; il paraît, m'écoute
à peine , montre tout l'ennui que je lui
apporte , ne veut pas même que je m'explique , me donne tort d'avance, et parle
de punir la hardiesse que j'ai eue de l'in-
terrompre ; suis-je républicain alors ? Non ;
c'est à un despote que j'ai affaire. Aussi
la haine qu'il mérite est-elle déjà dans mon
cœur. Je m'éloigne de lui, l'ame contris-
tée , le front humilié ; mais j'attends avec
impatience le moment où les lois ou ses
ennemis me vengeront. Ainsi un homme ,
juste au fond , peut - être s'est fait un
ennemi, parce qu'il n'a pas su se modérer.

C 2

Il m'a méprisé, et le mépris ne se pardonne jamais. Il a voulu être plus qu'un homme avec moi, et je l'ai vu au-dessous de l'humanité. Sa chûte me réjouira. Il lui convient bien, d'ailleurs, de m'humilier, lui qui, hier, mendiait nos suffrages, et qui, demain, viendra peut-être me solliciter à son tour. Quand ce ne serait que par politique, dans un état libre où les emplois ne sont que passagers, un homme en place devrait encore être affable : il entend mal ses intérêts, sous tous les rapports, quand il manque des égards qu'on a droit d'attendre de lui ; il se prépare des humiliations pour d'autres tems, et tous les mauvais services qu'on pourra lui rendre. Et, d'ailleurs, il est si doux, si beau de se faire aimer ! Faut-il mépriser le moyen si facile d'acquérir un cœur, un ami, un homme qui, peut-être, un jour nous sera très-utile ? Ah ! ne négligeons aucun des moyens qui nous font tenir une place vraiment honorable dans la société. Faisons-nous bénir.

Il est si facile à l'homme en place de gagner l'affection de ceux qui l'approchent! Un sourire souvent lui suffit. Il afflige facilement, mais il peut donner la joie avec autant de facilité. Il me semble que la suprême jouissance d'un homme juste et bienfaisant, est de renvoyer chacun avec le plaisir de nous avoir vu , et la conviction que nous sommes disposés à le rendre heureux. Cette idée ne doit-elle pas sourire à l'ame même la moins sensible ? Un homme public est alors un dieu qui devient l'espoir et la consolation des infortunés. O toi ! que la confiance publique a élevé , crains de laisser entrer dans ton cœur le mépris insultant : il dessèche l'ame , et il répandrait autour de toi une crainte qui t'accuserait , la contristation qui dévore sa douleur, et la haîne silencieuse. Fais plutôt un effort sur toi-même , et reçois chaque homme comme un frère ; mets-le à son aise : il est déjà assez malheureux d'avoir à supplier, fais passer un rayon d'espoir dans son cœur, et, sans jamais te rabbaisser, laisse toujours à celui qui demande, le plaisir de voir que c'est à son semblable qu'il s'adresse.

CARACTÈRE.

Avez-vous jamais eu affaire à *Léon* ? C'est peut-être l'homme le plus affable et le moins serviable qui existe. Allez le trouver ; à peine vous appercevra-t-il que le sourire obligeant viendra voltiger sur ses lèvres ; vous diriez que *Léon* n'attendait que l'heureux moment de se rendre utile. Exposez-lui vos raisons ; il vous écoute, vous interroge, s'intéresse à vous, vous promet tout, et vous renvoye le cœur plein d'espérances. Revenez dans quinze jours ; *Léon* vous sourira encore : quinze jours après, ce sera toujours le même homme ; revenez même vingt fois, vous ne lasserez peut-être pas sa patience, mais vous n'en serez pas plus avancé pour cela. *Léon* vous a vu vingt fois, il n'est pas sûr cependant qu'il ait retenu votre nom, et, bien certainement, il ne sait pas ce que vous lui avez demandé. A peine êtes-vous sorti qu'il vous a oublié ; il en a rencontré un autre, qu'il a écouté et oublié de même. Cet homme promet comme un autre respire, et quand il vient à vous obliger, c'est par hazard, il n'y a pas le moindre mérite de sa part ; cependant il veut qu'on lui en sache gré. C'est un égoïste fort poli.

Autre.

Êtes-vous de marbre, *Albert ?* Est-ce à un homme, ou à une statue du jardin des Thuileries, que je m'adresse ? O ! froid *Albert*, laissez au moins échapper un signe qui annonce que vous m'entendez. Quoi ! je n'aurai de vous qu'un coup - d'œil qui m'humilie avec indifférence ! Automate public ! si je réussis, je me garderai bien de t'avoir obligation. *Albert* a remis ma demande à son secrétaire, à un commis, au premier venu ; que lui importe ! Il se soucie bien de ceux qui attendent quelque chose de lui. *Albert* est bien l'homme le plus froidement ambitieux que l'on puisse trouver. Il parle peu, mais il s'emporte avec fureur ; et cet homme, qui daigne à peine écouter un honnête citoyen qui, a le malheur d'avoir affaire à lui, brûlerait l'univers pour satisfaire ses passions. Je t'ai entrevu, *Albert* ; dis aujourd'hui ce qu'il te plaira en faveur de ta probité, tu es condamné à mourir, sans que personne ne te croie.

Autre.

Timon oblige volontiers, mais il est rare qu'il ne commence pas par nous dire quelques duretés. C'est le *bourru bienfaisant.*

Autre.

Valmont vous humilie, avant que de vous rien accorder; *Valmont* s'estime trop, et ne sait jamais ce que valent les autres : quand il vous a rendu service, vous ne lui devez rien ; il vend ce qu'il accorde au prix de l'humiliation. Il a toujours ignoré que son devoir est d'écouter tout le monde et de respecter le public. Il a besoin d'une chûte, pour savoir qu'il n'est qu'un homme.

Autre.

Oh! l'honnête et aimable homme que *Floricourt !* Comme il vous a accueilli avec grace et intérêt! comme il s'empresse de vous obliger! Ce que vous n'obtenez pas, c'est qu'il ne peut l'accorder. Tout le monde court à ses audiences, et cha-cun en revient content. Le malheureux même y vient, ne demande rien, et s'en retourne en bénissant *Floricourt*. Combien je t'aimerais, *Floricourt*, si tu n'avais ni ambition ni orgueil ! Mais hélas !..... Je te rends justice, cependant ; on a plaisir à te parler.

FRAGMENT QUATRIÈME.

*De ceux qui, dans leur élévation, mécon-
naissent leurs anciens amis.*

> Toi, qui ne reconnais personne,
> A la fortune parvenu ;
> De qui seras-tu reconnu,
> Si la fortune t'abandonne !
>
> FRANÇOIS DE NEUFCHATEAU.

CARACTÈRE.

HIER *Valère* était à-peu-près mon ami ;
il m'accablait de protestations ; hier *Valère*
n'était rien encore, aujourd'hui il a mis
un pied sur les marches du temple de la
fortune, et il ne me connaît plus. Voici
comment j'explique son oubli : *Valère*
a l'ame basse, il rougit d'une honnête

pauvreté. Il n'a qu'un pas à faire pour être fripon, et du moment qu'il paraît avoir besoin d'être riche pour se croire important sur la terre, soyez sûr qu'il aimera mieux être malhonnête-homme, que de revenir à l'état où il me méprise.

FRAGMENT CINQUIÈME.

De ceux qui, sans choix, élèvent leurs parens et leurs amis.

> Ce n'est pas de ton parent que la République
> a besoin, c'est d'un honnête-homme.

CARACTÈRE.

PAUL est d'un caractère opposé à celui de *Valère*. Loin de fuir ses parens, ses amis, il les recherche pour les placer à la tête des affaires. Il lui faut des places pour tous les membres de sa famille. Il s'inquiète peu si son frère est un lâche; mais il a un grade de général à disposer, et son frère sera à la tête d'une armée. Son cousin est un joueur, un homme crapuleux, qu'importe? Il n'en sera pas moins chef des finances.

Son petit cousin , quoiqu'inepte, sera juge , et disposera de la vie et de l'honneur de ses concitoyens. Voilà tout son monde placé ; l'armée sera taillée en pièce, les finances dilapidées , etc. qu'importe ? Il s'agit bien des affaires publiques là-dedans. Faisons toujours fortune, le reste ira comme il pourra. On nous accusera peut - être ; nous donnerons des mémoires justificatifs, et le peuple aura encore tort. Il n'y a pas de la faute de *Paul* , cependant : s'il avait eu une famille de gens habiles et honnêtes, il en eût également fait présent à la République , et les choses eûssent été mieux. Il vous le jurera au besoin. Il fera plus : il reniera cette même famille, s'il est nécessaire , et vous n'aurez rien à dire.

Pour moi, voici comment je raisonne à ce sujet. Le peuple nomme à quelques places ; si ses choix ne sont pas bons, tant pis pour lui , il en sera puni le premier. Je voudrais que ceux qui ont aussi à leur disposition certaines places , fussent punis des mauvais choix qu'ils font, et je voudrais qu'ils le fussent en raison des liens qui les attachent à leurs protégés. Dis-moi, malheureux égoïste, lorsque tu as envoyé ton lâche et inepte parent à la tête de nos phalanges victorieuses, ne prévoyais-tu pas que tu nous préparais des revers et la mort de plusieurs milliers de français? Lorsque tu as disposé d'une place qui exige la probité la plus scrupuleuse en faveur d'un coquin ; n'as-tu pas su que le peuple allait en souffrir, et que le malheureux n'aurait point la consolation d'être convaincu que les impôts dont on le surcharge seraient employés pour le bien de la chose publique ? Tu es coupable, tu es le premier coupable ; tu t'es joué, en barbare, de la vie et des maux de tes semblables ; tu as trahi toi-même la patrie par l'abus de ton pouvoir ; tu dois être puni comme ton lâche protégé.

FRAGMENT SIXIÈME.

De la simplicité dans les mœurs.

Sois simple dans ta manière de vivre, afin
que la probité te soit plus facile.

L'HOMME public ne doit pas que l'intégrité à ses concitoyens, il leur doit encore l'exemple. Ses mœurs doivent être simples, afin que sa conduite ne corrompe personne, et ne serve de prétexte à qui que ce soit. Il doit être simple dans ses manières, afin d'attirer la confiance et de faire aimer les lois qui déplaisent toujours quand elles restreignent nos intérêts particuliers.

La simplicité est le caractère de l'honnête-homme ; elle annonce un cœur qui sait mettre des bornes à ses desirs, et

elle

elle dispense des frais qui nous donnent la tentation de commettre une injustice lucrative.

Le faste exige beaucoup, et, par malheur, les desirs qui l'accompagnent croissent comme la soif de l'hydropique. L'homme public, qui s'y livre, prépare bien des ennemis à sa vertu, s'il est permis de s'exprimer ainsi : il faudra qu'elle succombe ; et vous pouvez assurer , sans crainte , que le magistrat, qui donne trop à ses plaisirs et au desir de briller, ôte nécessairement à ses devoirs, et restera peu de tems sans être tenté d'être mal-honnête-homme. Suivons-le dans sa route. Je suppose qu'il occupe un poste éminent et lucratif. Il commence d'abord, sans doute, par un train conforme à sa fortune présente; mais son penchant l'entraîne insensiblement. Je veux croire qu'il ne donne que des dîners ; mais ils sont somptueux , les flatteurs y accourent, et ce sont eux qui ravissent les emplois qui étaient, peut-être, destinés à des hommes de talens , et qui avaient des droits sacrés aux soins de la patrie. Après un repas splendide, la tête est pesante, on ne songe plus au travail ; dieu sait comment se passera le reste du jour. Heureux si la matinée du lendemain peut être pleinement consacrée aux inté‑ rêts du peuple. Il est de fait que , plus on prend de dissipation, plus le travail devient pénible ; il est de fait aussi que, plus on se dissipe , plus on veut se dissiper. Ce n'était qu'un dîner hier ; aujourd'hui c'est une fête. Bientôt nous ne sommes plus contens de rien : notre fortune n'est déjà plus assez considérable. Nos habitudes deviennent des besoins, et ces habitudes sont dispendieuses. Le train que nous avons pris nous ruine ; mais il faut le suivre ; il n'est plus tems de revenir en arrière ; c'est alors que l'on a recours aux expédiens, c'est alors que l'on s'avilit, c'est à partir de là que les crimes ne coûteront plus rien. Voilà l'homme : un pas hors du che‑

min étroit de la probité, il ne sait plus s'arrêter.

Il n'en est pas ainsi de l'homme simple dans ses mœurs. Ses dépenses n'excèdent jamais ses moyens ; rien ne sent l'avarice autour de lui ; mais rien n'excite à la folie. L'ordre de sa maison lui permet de mettre de l'ordre dans sa conduite. Le tems qu'il doit à ses devoirs n'est point sacrifié aux plaisirs, ou aux indispositions qui les suivent ; et comme il est toujours assez riche pour ses besoins, son revenu lui suffit ; il n'est pas contraint de voler les deniers publics ou de se dégrader en vendant, à prix d'or, à un frippon subalterne, le droit de fournir chèrement la famine à nos armées, ou de tromper impunément la République. Oh ! qu'il est vil et malheureux celui qui s'est dégradé jusqu'à tendre la main au misérable qu'il méprise ; à ce misérable dont il se fait mépriser lui-même. Criminel, le voilà forcé de respecter le crime. C'est dans le secret qu'ils se font ces traités honteux, où le lâche voleur qui dit au magistrat : couvre les lois, voilà de l'or; est encore au-dessus de celui qu'il corrompt ; c'est dans le secret, mais c'est en public, que le mépris doit naître : et ce mépris est certain ; *il faut être puni*, vous dis-je, *il faut être puni*, vous crierai-je de toutes mes forces, hommes assez lâches pour préférer l'opprobre à la gloire. Puissent les craintes naître du sein de vos jouissances mêmes ! puisse la malédiction vous couvrir éternellement ! puissiez-vous être convaincus que nous savons combien vous êtes méprisables!

Pour règle certaine, la probité n'habitera jamais avec le désordre, et si la vertu n'est pas toujours compagne de la simplicité, elle ne peut au moins être qu'avec elle.

Ce n'est point pour vous enivrer dans des dîners, ou oublier vos devoirs dans des fêtes, que le peuple vous a donné sa confiance ; c'est pour faire son bonheur.

S'il vous voit environné de trop de faste,
il vous accuse, et il a raison, car vous êtes
déjà coupables. N'allez pas nous parler ici
de *représentation ;* ce mot n'est inventé que
par la vanité qui veut une excuse. Soyez
vertueux et vous *représenterez* assez. Quand
vous vous entourez de faste , vous nous
insultez, vous mettez une barrière entre
vous et nous , et vous faites naître un
soupçon qui ne tourne point à votre honneur.

Il manque à notre code constitutionnel
une loi essentielle ; c'est celle qui aurait
fixé les dépenses et les acquisitions de
l'homme en place ; il ne faut rien négliger
de ce qui peut tenir l'homme éloigné des
tentations dangereuses. Si l'être vil, qui se
dégrade jusqu'à voler , n'avait pas l'espoir
de jouir de son crime, le commettrait-il ?
Non ; et c'est parce que vous permettez
au magistrat criminel de jouir du fruit de
sa honte et de nos maux , qu'il s'est avili
et nous a rendu malheureux.

D 3

CARACTÈRE.

Il y a quelque tems *Paul* prêchait contre le luxe, contre les richesses mêmes, parce qu'alors c'était le moyen de parvenir ; il est parvenu, et depuis, il a bien changé d'opinion. Il est trop riche aujourd'hui, pour qu'il lui paraisse raisonnable de vivre en Spartiate. Il est trop riche, même, pour se bien ressouvenir des principes de notre gouvernement ; il ne sait plus ce que c'est qu'*égalité* ; et la *liberté* lui paraît un crime quand elle s'avise de lever un coin du rideau, derrière lequel il se cache. Il ne sait plus ce que sont ses devoirs, et s'il tient toujours, avec fermeté, un peu du gouvernail, j'oserais dire que c'est moins par envie de bien diriger le vaisseau, que par ambition, et pour n'y point laisser mettre une autre main. Il soutient le gouvernement, moins parce que le peuple y trouve son bonheur, que parce que lui-même y trouve son compte. Il a trop de fois manqué à la probité, pour n'être pas un égoïste aujourd'hui. Il est trop bien placé au-dessus des autres ; il jouit avec trop de délices du pouvoir pour n'être pas tenté de devenir despote. Mais c'est peu que de l'empire, il veut encore jouir par ses sens. Les plus beaux châteaux, devenus ses possessions, sont les théâtres où il se délasse du poids de l'ambition, dont il s'écrase cependant avec plaisir; c'est là qu'il montre aux yeux étonnés du républicain, ce qu'était un prince autrefois. Il a une armée de valets, les meilleurs cuisiniers, des femmes, des complaisans, des équipages, des meutes, et une chasse toute royale. S'il n'ose point encore cependant tout ce qu'il rêve, ce n'est pas parce qu'il respecte ses concitoyens, c'est qu'il les CRAINT. *Qu'ils nous craignent donc, puisque la vertu seule n'est pas un frein pour les lâches de cette espèce.*

Avec tout ce train , ces mignons , ces femmes , ces chevaux , ces palais, *Paul* pourrait-il être encore honnête homme ? Oserait-il, par hazard, le soutenir ? Il fera plus , il niera qu'il soit riche. Que direz-vous ? Vous ne le croirez pas , mais vous vous tairez.

Quelques pensées sur le même sujet.

— La simplicité est la sauve-garde des vertus. Elle nous tient éloigné des desirs dangereux , nous rapproche de nos semblables, et nous laisse affez calmes pour que nous puissions savourer en paix le bien que nous avons fait, et méditer celui qui nous reste à faire.

— Il y a une simplicité qui, en tout, a l'art de réunir le bon goût et le commode ; elle annonce l'ordre, et, par cela même , inspire, comme je l'ai dit, la confiance ; elle plaît, elle met à l'aise, elle parvient favorablement , et découvre un esprit solide, de la sagesse, de la bonne foi même ; car il y a quelque chose qui vous dit : tu seras moins trompé là qu'ailleurs. *Agésilas*, roi de Lacédémone, devait traiter de la paix avec *Pharnabase*, gouverneur d'une des provinces de Perse. L'entrevue devait avoir lieu à la campagne. Celui-ci y parut avec le luxe de la cour de ses rois. Il était vêtu d'une robe de pourpre brodée d'or et d'argent. On étendit par terre de superbes tapis, et on y joignit de riches coussins pour s'asseoir dessus. *Agésilas* vint, et n'y fit point tant de façon ; vêtu simplement, sans tapis, sans coussins, il s'assit sur l'herbe. Le fastueux Persan eut honte de lui-même, et ne pouvant soutenir de comparaison, il rendit hommage à la simplicité du Spartiate, en l'imitant. As-tu de l'élévation dans l'ame ? Vois quelle place tu aurais voulu occuper.

— Il y a dans la simplicité une grandeur, sans doute, peu à portée des hommes ordinaires, puisqu'il s'en trouve si peu au point où elle dit de rester.

— Il y a de la vertu à être content de ce que l'on a ; et il y a une grande sagesse à disposer sa conduite, de manière à ce qu'on ne soit pas tenté de faire une injustice pour avoir davantage.

— Voulez-vous, disait *Epicure* à *Ido-menée*, que *Pytocles* soit riche ? N'accroissez point ses richesses, mais diminuez ses desirs.

— « La nature a des bornes ; les vanités
» et les concupiscences n'en ont point.
» Le profit est la mesure des choses né-
» cessaires ; mais les superflues à quelle
» aune les réduisez-vous ? Ce leur est tout
» un, pourvu qu'ils se plongent dans les
» voluptés, et ne prennent pas garde que
» par cette accoutumance ils tombent en
» cet inconvénient , que les choses qui ,
» auparavant ne leur étaient que super-
» flues, leur deviennent nécessaires à

» l'avenir ». SENEQUE. *Traduct. de Malherbe.*

— Il est des momens où les besoins de la patrie sont bien au-dessus de ses ressources. Alors les impôts sont doublés. Ce surcroît d'impôts ne grève pas seulement directement les citoyens, il arrête encore les spéculations, par suite naturelle, les travaux; il diminue le cours de l'argent et, en même-tems, les moyens d'existence. Au milieu de la gêne générale, le législateur et le magistrat n'auront-ils d'autre peine que de faire et d'exécuter les lois qui doivent effectuer de nouveaux recouvremens? S'ils sont vraiment dignes des postes qu'ils occupent, si c'est bien l'amour de la patrie qui les a portés à se rendre utiles, et leur a fait rechercher leurs places, ils retrancheront des appointemens dont la patrie paie leurs soins. Ils ont dix, douze, vingt, trente, cinquante mille francs; avec cinq, six, dix, quinze, vingt-cinq mille, ils peuvent vivre honorable-

-ment, et leur sacrifice donnera encore plus de relief aux places qu'ils occupent, que l'argent qu'ils y dépenseraient. Mais en les supposant encore probes, lorsqu'ils mettent à peine des bornes à leurs dépenses, comment pourront-ils faire ce sacrifice généreux, et auquel ils sont, sans doute, obligés ? En auront-ils le courage, s'ils en ont la volonté ? Ne s'imagineront-ils pas qu'ils vont se réduire à la misère ? O insensés ! de combien de jouissances vertueuses vous vous privez par votre lâche insatiabilité, par votre soif de l'or, par vos desirs, toujours accomplis et toujours renaissans ! Avec quelques plaisirs qui ne flattent que la vanité de moins, et avec quelque courage de plus, que d'honneur vous pourriez acquérir ! Que de bénédictions vous feriez élever ! quel véritable bonheur vous vous ménageriez pour tout le tems de votre vie !

FRAGMENT SEPTIÈME.

Des Mœurs.

> La meilleure manière de respecter ses semblables, est d'avoir de bonnes mœurs.

Si tes mœurs ne sont pas pures, tu n'es pas à ta place à la tête du peuple. Envain diras-tu que tes débauches n'ont coûté qu'à toi-même ; je te répondrai : je ne crois point à la probité de l'homme corrompu. Si tu n'as pas su t'honorer dans ta personne, comment honoreras-tu ta place ? Comment réprimeras-tu le vice ? comment parleras-tu de vertu ? comment feras-tu croire que tu peux être honnête homme ? comment feras-tu compter sur ton courage au moment du danger ?

Il n'y a que l'habitude de la vertu qui soit un sûr garant de la probité.

L'homme, qui ne connaît point le frein salutaire des mœurs, a trop peu d'empire sur lui-même, pour qu'on en puisse attendre d'autre bien que celui qui échappera à ses caprices et à ses passions. Confiez-lui la puissance souveraine, et Virginius sera encore forcé de plonger le poignard dans le sein de sa fille, pour la dérober à ses desirs effrénés.

FRAGMENT HUITIÈME.

Oubli des injures.

Que jamais les lois ne servent tes
vengeances particulières.

IL est un point où je voudrais que l'homme fût au-dessus de l'humanité ; c'est dans l'oubli des anciennes inimitiés. Il est beau pour celui qui, à même de se venger, oublie tout-à-coup qu'il le peut, et ne sait plus s'il a un ennemi : c'est la marque du cœur le plus généreux. Celle du plus lâche, est de profiter de son avantage et d'écraser son ennemi, comme l'ennemi même de la patrie. Il est sublime, ce mot de Louis XIII : Roi, je ne me ressouviens plus des haines du Prince ; il aurait dû sortir de la bouche d'un des bienfaiteurs de l'humanité. Il faut une grande force d'ame pour ne point prendre la vengeance qui est, en quelque sorte, sous notre main ; après une action semblable, on peut en faire mille plus belles encore : mais après l'action contraire, il n'est rien de criminel dont on ne soit capable.

FRAGMENT

FRAGMENT NEUVIÈME.

De la Fermeté.

> Il y a autant de coupables par
> faiblesse que par intérêt.

La fermeté est cette force que la sagesse dirige, et qui se trouve entre la faiblesse et la dureté. La fermeté peut et doit être accompagnée de la douceur ; il ne faut point qu'elle se présente avec les traits du despotisme qui est ferme, moins parce qu'il faut l'être, que parce qu'il exige ; il ne faut point non plus qu'elle ait cet air équivoque qui laisse les autres flotter dans l'indécis. Elle doit dire, par ses manières : je refuse, parce qu'il serait injuste d'accorder.

La fermeté est absolument nécessaire à

E

l'homme public. Lorsqu'il est vertueux et qu'il ne sent pas, en lui, cette force qui repousse facilement l'impulsion dangereuse d'autrui, il devrait avoir le courage de rester simple particulier. Quel est celui que l'on entoure de plus de tentations, que le magistrat qui peut donner ? L'intérêt, toujours souple et vigilant, prend toutes les formes et essaye tous les moyens de le corrompre. Il est certainement bien courageux, s'il sait résister.

Nous jugeons sévèrement les fautes de ceux qui nous gouvernent ; nous avons souvent raison ; souvent, cependant, nous devrions avoir de l'indulgence. Avec l'intention la plus pure, avec la volonté la plus déterminée, ils ne font pas toujours le bien qu'ils desirent. Ils ont trop de passions à combattre, non-seulement les leurs propres, mais encore celles des autres. Il faut leur supposer bien du courage pour vouloir qu'ils soient toujours vainqueurs. Le mal qu'ils ne font point d'eux-mêmes, on le leur inspire, on le déguise, on les force à le faire. Ils sont entourés de trop de piéges, pour qu'ils puissent toujours marcher sûrement. Ils n'ont pas une *faiblesse*, si je puis m'exprimer ainsi, que l'intérêt malfaisant ne sache tourner à son profit. Pour séduire un fripon, on lui présente de l'argent ; mais pour corrompre un homme dont la probité est ferme, il faut s'y prendre d'une autre manière, il faut le *tâter*, si j'ose le dire, il faut l'endormir doucement, lui fermer les yeux sur le but que l'on se propose, il faut même flatter ses désirs les plus louables, il faut lui faire croire qu'on peut le seconder. Quel masque l'intérêt ne sait-il point prendre ! et quelle perspicacité ne serait point nécessaire à celui qui gouverne, pour savoir démêler ce qui se passe dans les ames et ne point se laisser tromper !

CARACTÈRE.

Arsène est un véritable homme de bien, un homme éclairé même ; il n'est parvenu au poste éminent qu'il occupe, qu'avec une intention sincère de faire tout le bien qui serait en son pouvoir ; mais il est faible, et souvent il est au-dessous de rien. Il aime la gloire, on le flatte, il écoute ; c'est se lier ; il n'ose plus refuser ce que ses flatteurs lui demandent. Le plus grand éloge qu'on peut faire de lui, c'est de dire qu'il est nul par le caractère. C'est le plus honnête particulier et le plus mauvais administrateur que l'on puisse trouver.

FRAGMENT DIXIÈME.

Il ne doit point y avoir de crainte pour l'homme public.

Qu'il sache mourir.

UN soldat généreux, qui vole au secours de sa patrie, se dit : je ferai tout pour vaincre, mais je ne fuirai point la mort. Un homme public en doit dire autant. Il ne s'appartient plus, du moment qu'il entre en fonctions. Puisqu'il s'est chargé des intérêts de la société, c'est qu'il a voulu faire le bonheur public, il en a contracté l'obligation. Une *charge* est bien nommée, quand c'est un homme qui veut remplir ses devoirs qui en est revêtu. Cette charge est toujours pesante. Je sais bien que ceux qui ne veulent que gouver-

E 3

ner et avoir de l'argent, ont le secret de la rendre assez légère, mais aussi ne sont-ils point d'honnêtes gens, et ne font-ils jamais le bonheur du peuple.

Un homme public a mille risques à courir, il ne doit entrer dans la carrière qu'avec un courage décidé à les mépriser. Il trouvera mille obstacles que ses ennemis, les gens à petites vues, ceux qui veulent tout faire ou tout conseiller, élèveront sur sa route. La calomnie sera toujours prête à le déchirer ; qu'elle lui devienne un utile avertissement qui le rappelle sans cesse à ses devoirs. Quelquefois même, le peuple, entraîné par quelques factieux, demandera sa tête ; c'est alors qu'il lui faudra de la fermeté et de la modération pour ramener cette tourbe égarée. Qu'il se garde bien, cependant, de traiter jamais ce peuple en ennemi, quelqu'injuste qu'il soit ; il doit le respecter jusques dans sa fureur même ; qu'il réfléchisse qu'une grande portion d'hommes soulevés ne peut être entièrement coupable ; quand le peuple crie, c'est qu'on l'écrase ou qu'on le trompe ; lors même qu'il sert une faction dangereuse, il se croit juste, parce qu'on lui a présenté un motif de justice ; il ne s'agit que de le rendre heureux ou de l'éclairer. Mais du moment qu'un magistrat se permet de traiter le peuple en ennemi, c'est pour son ambition qu'il combat, il n'est plus qu'un despote qui met son intérêt avant toutes choses. Il en doit arriver tout autre-ment néanmoins. L'intérêt d'un magistrat doit pour lui être le dernier. Il doit pré-férer son devoir à tout. Ferme et sans crainte de la mort, il ne doit écouter aucune lâche considération, lorsqu'il s'agit du bonheur public ou de la liberté. C'est au combat qu'il se trouve, la différence est qu'il ne doit que résister et jamais attaquer. Enfin, du moment qu'il ne se refuse point à la confiance publique, il doit se dire : *Je sais mourir.*

CARACTÈRE.

Après le mal-honnête-homme, rien de plus dangereux à la tête des affaires que l'homme faible. Sans vouloir être d'aucun parti, il les servira tous tour-à-tour. Tel est *Blanville*, vous l'avez vu de tous les partis qui ont triomphé ; son opinion véritable n'a, cependant, eu encore aucun succès. Tout ce qu'il a vu lui a fait de la peine, mais une lâche ambition l'a retenu dans les places. Dès qu'il a soupçonné que l'orage se formait, il a gardé le silence, au fort de la tempête il s'est caché ; mais il a reparu avec le calme. Vous lui demandez aujourd'hui pourquoi, du tems de l'Assemblée constituante, il n'a point voulu de République ; il vous répond philosophiquement, qu'il fallait graduellement conduire le peuple à la liberté ; vous lui demandez encore, pourquoi il a parlé en faveur des Comités révolutionnaires, du tems de la terreur ; j'y étais forcé , dit-il ; pourquoi de telle manière dans tel tems ; pourquoi de telle autre dans une circonstance différente ? — C'est que je croyais tel parti composé de vrais patriotes ; c'est que j'imaginais que d'un principe on en viendrait à un autre ; c'est qu'il me sembla qu'il fallait ménager ceux qui alors étaient en crédit , pour saisir le moment de les renverser. Il a toujours une raison à donner ; mais le fait est qu'il a toujours été lâche et ambitieux.

Autre.

Dites-moi donc quelle est la dernière pensée de cet homme, que nous avons toujours vu en crédit , et qui semble n'avoir jamais rien fait pour s'y maintenir ? Il a, dit-on, un talent profond , et cependant il ne parle, ni n'écrit jamais. Il sait se taire : un discours a fait sa réputation ; un autre en fut resté-là ; lui, il a toujours gagné depuis sans rien faire. Le public dit ; c'est un ressort caché, c'est lui qui, de son obscurité, a produit tels et tels mouvemens. Il laisse tout dire. Sa prudence laisse croire de lui beaucoup au-delà de ce qu'il en pense lui-même. A-t-il du courage ? A-t-il de la lâcheté ? Je ne sais : il ne blâme ni ne loue. Les partis ont peu pensé à lui et n'ont jamais songé à le voir en ennemi. Ce qu'il y a de singulier, c'est que le nom de cet homme obscur et mystérieux n'a jamais été oublié du public. Cette manière réussirait à peu de monde ; peut-être, à la vérité, n'a-t-il jamais pensé à la faire réussir. Dans ce cas, c'est un homme de bien. Je l'attends à une place éminente. Là, il faudra qu'il soit vu, c'est-là que vous le connaîtrez. S'il a du courage, il en sortira avec gloire ; s'il n'en a point, il sera au-dessous de rien.

Autre.

Vous avez vu le lâche et le prudent ; voici l'étourdi ambitieux. Il est par-tout, parle à tout le monde, dans toutes les occasions ; propose éternellement, veut tout remuer, tout faire, et ne craint rien. Y a-t-il une faction ? Il y est. Présente-t-on une bonne loi ? Il la combat, parce qu'elle ne vient point de *son bord* ; il en combat une mauvaise, par la même raison. Le bien public l'inquiète assez peu, quoiqu'il l'ait sans cesse à la bouche. S'il n'est point encore tué ou puni, il n'y a point de sa faute, il a tout fait pour l'être. S'il avait une bonne intention avec son courage, il n'est rien qu'il ne ferait pour le bien général. Tant qu'il ne sera rien, il ne sera que méprisé ; son envie d'être lui sera toujours nuisible ; mais s'il parvient, malheur à vous ; il affrontera votre vengeance sans crainte, vous combattra, et dirigera vers lui, s'il le faut, le coup de pistolet dont il n'aura pu vous briser la tête.

FRAGMENT ONZIÈME.

De la manière d'accorder.

> C'est rusticité de donner de mauvaise grace ;
> le plus fort et le plus pénible est de donner :
> que coûte-t-il d'y ajouter un sourire !
>
> LA BRUYÈRE.

LA BRUYÈRE m'a fourni mon chapitre, et là-dessus *Sénèque* me donnerait mille sentences ; mais, encore une fois, qui ignore ce qui est bien ? Il n'y a jamais que les passions qui nous aveuglent ou nous fassent perdre la mémoire. Je n'ajouterai qu'un mot.

Dans une République, un magistrat ne donne pas, il dispense les bienfaits de la patrie. Dans les monarchies, il y a les grâces de la cour, qui ne sont que des aumônes fastueuses dont on a eu l'art de s'honorer ; il suffit de les obtenir , il est inutile de les avoir méritées. J'ai servi la patrie , j'ai remporté un prix dans les arts, j'ai fait une découverte utile à la société, la patrie me récompense par une gratification ou un emploi ; le ministre me l'accorde ; mais je ne lui dois rien que quelque gré , pour ne s'être pas avisé de contrarier le vœu de la patrie. Si par hazard, il lui arrive de vouloir me faire acheter, par l'humiliation, ce qui m'est dû, il ne mérite point sa place. Je sais que l'amour-propre et l'intérêt s'imaginent que tout leur est dû ; son affaire alors est de refuser avec grace ou d'accorder de même. Un magistrat, dans la République, ne doit pas écouter tout le monde ; mais il n'a droit d'humilier personne.

FRAGMENT DOUZIÈME.

De l'obéissance aux Lois.

De l'inconstance du législateur naît le
mépris des lois.

Il y a, dans la République, une foule de
brouillons qui ne peuvent rien voir de
bien que ce qu'ils ont fait eux - mêmes,
et même ce qu'ils ont fait ne leur plaît
qu'un tems; s'ils en avaient le pouvoir,
ils nous donneraient une constitution chaque année, où ils entasseraient, les unes
sur les autres, tant de lois contradictoires,
que vous finiriez par ne plus connaître
les principes. Souvent ils n'ont point une
mauvaise intention; mais ils ignorent que

la multiplicité des lois est précisément ce qui les affaiblit, et que c'est un malheur pour la République qu'une seule loi méprisée, parce que de cette loi méprisée naît, par un exemple funeste, le mépris d'une foule d'autres.

Il faut obéir même à une mauvaise loi, tant qu'elle n'est pas abrogée, et en voici la raison : c'est que l'honnête-homme qui se soustrairait à cette obéissance, ouvrirait le chemin au mal-honnête qui ne voudrait pas obéir à une bonne.

Au surplus, il n'appartient pas à tout le monde indistinctement de se soustraire à une loi inique ; ceci entraînerait un désordre qui ne permettrait plus de repos à la société. Il faut trois conditions indispensables : *de la justice, du jugement, et du courage.*

De la justice, pour n'avoir pas en vue son propre intérêt ; mais l'intérêt général.

Du

Du jugement, pour ne pas troubler in-considérément la paix de la patrie.

Du courage, pour mépriser les dangers.

Si tu ne te sens pas ces trois qualités, souffre en repos. A le bien prendre, il vaut mieux, pour toi et pour les autres, que tu rampes même aux pieds de la tyrannie.

Je vois trois choses principales qui troublent les Républiques, l'ambition, la vengeance et l'inconsidération. Eloignez des places ceux qui les veulent, ou *veulent s'y perpétuer* ; ceux qui rendent les lois féroces, et ceux qui se plaisent à tout boulverser sans choix. Mettez-y ceux qui ne les cherchent point , qui ont des lumières, de l'humanité et qui sont tranquilles ; et tout ira aussi bien qu'il peut aller.

Mais pour en revenir à mon premier point ; obéis aux bonnes lois, si tu aimes tes semblables ; obéis aux mauvaises , si

F

ta désobéissance ne doit causer qu'un désordre inutile, et aie le courage de te
soustraire à celles qui te feraient commettre l'action du mal--honnête--homme.
Tout ce qui déshonore n'est ni dans la
nature, ni dans la justice ; et quand il y
a à choisir entre le crime et la mort, vois
si tu as du courage.

FRAGMENT TREIZIÈME.

Des hommes que leurs places corrompent.

> Un homme qui vient d'être placé ne se sert
> plus de sa raison et de son esprit pour
> régler sa conduite et ses dehors à l'égard
> des autres ; il emprunte la règle de son
> poste et de son état ; delà l'oubli , la
> fierté , l'arrogance , la dureté , l'ingratitude.
>
> LA BRUYÈRE.

L'ÉLÉVATION, la puissance, sont les
pierres de touche qui servent à recon-
naître, si j'ose le dire, de quelle trempe
est la vertu d'un homme. C'est-là qu'on
se corrompt, et que, trop au-dessus des
autres pour se croire tenus à quelques
égards envers eux, on laisse voir tous les
vices de son cœur. A la vérité, il faut une
vertu bien forte pour résister au desir de

contenter ses passions , lorsque tout ce qui peut leur plaire se trouve sous notre main , et qu'il ne s'agit que de vouloir pour être satisfait. On voit, tous les jours, tel homme qui , dans la vie privée, avait paru d'une probité assez exacte , changer tout-à-coup dans un poste élevé , et ne le quitter qu'avec la réputation infâme d'un mal-honnête-homme. Il avait peut-être effectivement eu de la probité jusqu'alors ; mais à coup sûr il n'avait point de vertu , puisqu'il n'a pu résister à la tentation. Le sage, en entrant , a déjà tout prévu, et, d'avance, il affermit son âme et étouffe ses desirs; d'avance il se dit : je ne m'élève pas seulement d'un pied au-dessus de la terre , je suis donc toujours l'égal des autres hommes , et je leur dois encore des égards.

Que celui pour qui les principes de l'honneur sont encore chers, se garde bien de commettre la première faute; car c'est celle-là qui ouvre la porte à toutes les autres, et qui chasse la pudeur qui pourrait encore le retenir.

Que revient-il à l'homme qui s'oublie au milieu de la puissance que les lois lui ont confiée ? Montre-t-il de l'orgueil ? il est méprisé. A-t-il versé le sang ? il est abhorré. S'est-il enrichi ? tout le monde le dit. Sera-t-il impuni ? il n'oserait le jurer. Le voilà donc condamné à vivre entre l'inquiétude et sa conscience. Il en coûte toujours cher pour manquer à ses devoirs ; tout bien considéré, l'honneur à part, il y aurait encore plus d'avantage à être honnête-homme.

FRAGMENT QUATORZIÈME.

Des Punitions.

La justice, à pas lents, sait atteindre
le crime.

J'AI dit que je ne concevais pas comment un homme, qui pouvait encore s'honorer de sa probité, trouvait en lui assez de force ou de lâcheté pour faire le premier pas vers le déshonneur. Alors je parlais pour ceux qui ont l'ame élevée, pour ceux qui préfèrent le malheur à la honte, et la mort à l'infamie ; les ames basses n'ont pas dû m'entendre ; il leur faut une autre perspective pour les effrayer, il faut placer, sous leurs yeux, la chaîne des galères ou l'échafaud de la mort. Présentonsleur donc un apperçu des dangers qui accompagnent le crime.

Je ne parle plus du mépris, que peut-il sur un cœur de bronze ou flétri par la bassesse ? Il ne peut blesser qu'une ame sensible et honnête ; les effets de la haîne sont plus directs. Dans la vie privée, il est impossible de manquer à ses devoirs sans que quelqu'un n'en souffre ; la conséquence est encore plus funeste dans la vie publique ; et le magistrat devenu coupable a fait une foule de malheureux ; chaque crime lui vaut mille ennemis. Il règne, ils étoufferont leurs plaintes ; que dis-je ? Les plus hardis trament déja sa perte, elle est assurée, demain il sera dans la boue, demain il sera puni. Dans les Républiques, les factions se punissent les unes par les autres ; c'est un bonheur pour le peuple, et ce que les lois ne pourraient faire est l'ouvrage de l'ambition. Mais ne suivons que le cours naturel des choses. Aujourd'hui, fier d'une puissance qui ne

F 4

t'appartient point , tu en abuses. Insensé !
tu oublies que dans peu tu sera forcé de
redevenir simple particulier , et que c'est-là
que tes victimes ou tes ennemis t'attendent
pour te demander compte de ta conduite.
Auras-tu des vertus à leur opposer pour te
justifier ou succomber honorablement? Tu
as beau te peindre un heureux avenir, un
châtiment quelconque est au bout de ta
carrière. Les remords aussi te puniront,
mais tu n'y crois pas encore ; un jour tu
y croiras malgré toi-même. *Il n'est point
de crime sans punition.* Crains d'oublier cet
arrêt d'une justice éternelle.

FRAGMENT QUINZIÈME.

De ceux qui veulent se perpétuer dans les places.

> Ce vénérable Curius,
> Bon-homme dans ses champs, et grand homme à
> la guerre,
> Triompha des Sabins, fut vainqueur de Pyrrhus,
> Et revint labourer la terre.
>
> François-de-Neufchateau.

AIME-T-IL sincèrement sa patrie celui qui, parvenu à une place, la considère comme une espèce de patrimoine et veut s'y perpétuer ? Non, il n'aime que lui-même, et si, dans un danger pressant, la ruine de la patrie doit le sauver, soyez sûr qu'il ne balancera pas; il chantera son action de grace sur les ruines de la patrie.

Il n'a pas assez de force en lui pour s'oublier, pas assez de noblesse dans le cœur pour se sacrifier au bien public. Il ne voit que lui , ses concitoyens ne sont pour lui que d'autres individus , dont les droits n'ont de valeur à ses yeux que parce qu'il est forcé de les respecter. Son bien être lui plaît sur toutes choses ; la puissance lui sourit ; il se voit avec plaisir hors de la ligne commune , et cette place, à laquelle il tient tant, ne lui convient que par ses avantages. N'est-il que fin, astucieux, un homme à petites mesures ? Il formera de petites intrigues, il rampera à propos, promettra au besoin, saisira quelques occasions de paraître , et demandera des voix ; est-il hardi , entreprenant ? il n'aura point tant de ménagement, il entrera, s'il le faut, en vainqueur dans sa patrie, comme César , plutôt que de se soumettre aux lois qui lui sont contraires et aux ordres du sénat qu'il redoute. Son opiniâtreté à vouloir toujours gouverner, démontre un

cœur avide, ambitieux, un homme ennemi des lois de l'égalité, et qui méprise
assez ses concitoyens pour se croire digne
de leur commander toujours ; il a une in-
clination décidée au despotisme. Il est
impossible qu'il soit bon citoyen (1) : de
l'habitude de gouverner en naît un besoin
trop violent, pour qu'on ne lui sacrifie pas
jusqu'à la probité même. Tous les gens qui
ont une mauvaise intention s'entendent à
merveille ; les ambitieux se coalisent,
s'unissent d'intérêt, et se portent récipro-
quement aux premiers emplois ; et voilà
pourquoi vous voyez presque toujours les
mêmes hommes à la tête de la Républi-

---

(1) Notre gouvernement est à peine né, et nous
voyons déjà une foule de gens qui veulent tenir sans
cesse ses rênes ; ils n'ont fait que changer de places
depuis le commencement de la révolution. Ils ont
de la peine à redevenir *peuple* ; ils finiront par se
croire nos maîtres légitimes, si nous n'y prenons
garde. Il est tems que cet abus cesse ; il faut une loi
qui mette un intervalle raisonnable entre les fonctions
finies et une nomination nouvelle.

que. Ils sont si habitués à se voir là qu'ils s'imaginent que tout doit tomber dans le désordre à leur départ ; et tout en méprisant les lois qu'ils font eux-mêmes, ils croyent être fort utiles au peuple qu'ils fatiguent par leur ambition. Dangereux la plupart, quand ils voyent le terme de leurs fonctions, ou que, redevenus simples particuliers, ils attendent impatiemment une nomination nouvelle, si le trouble est nécessaire à leurs projets, ils font naître le trouble et s'inquiètent assez peu des maux qui en doivent résulter : le bien public n'est rien pour eux........ On a cependant vu quelques ambitieux faire oublier le crime de leur élévation par une conduite louable, par de grandes actions, par le bonheur ou le salut de la patrie ; mais ces exemples sont si rares qu'ils ne font pas loi. Je pardonne à l'ambition de celui qui se sent capable de faire quelque bien, et qui marche aux honneurs par la voie approuvée ; mais non, à celle qui veut absolument réussir, se perpétuer, et qui se rend exclusive. Je sais que l'ambition est naturelle au cœur humain ; je sais que, comme toutes les autres passions, elle concourt au maintien même de la société ; mais elle est comme l'intérêt, qui, bon en soi, par l'abus devient injustice : quand la modération cesse de l'accompagner, elle est criminelle.

Le véritable ami de la liberté de sa patrie, est celui qui, a quelque poste qu'il se trouve, n'oublie jamais qu'il est citoyen ; qui rentre sans peine dans la classe commune, et qui, pour s'être vu quelque tems au-dessus, ne se croit pas en droit d'en dédaigner les devoirs obscurs. La vertu sincère est égale par-tout, nulle part elle ne se dément ; s'il lui faut des spectateurs, ce n'est plus qu'une ostentation qui peut-être est à craindre. Est-il bon citoyen, cet homme, qui, du haut de la tribune, a prêché cent fois l'obéissance aux lois, qui a porté le peuple à des sacrifices qu'il se gardait bien de partager , qui enfin s'est élevé aux premiers postes , et qui , revenu à une condition privée , n'y sait plus vivre en paix , trouve au-dessous de lui des devoirs qu'il ne connaît plus, et qui, pour avoir trop commandé, ne veut plus obéir ? Non, c'est un ambitieux qui porte dans son cœur le desir coupable d'anéantir les lois qui nous disent libres et égaux. Si la République lui plaît, ce n'est point parce qu'elle laisse, autant que possible, l'homme dans la place honorable où l'a mis la nature elle-même; c'est parce que son ambition peut y former des espérances ; s'il pouvait régner à côté des rois, la monarchie attirerait tous ses vœux. Voilà l'ambitieux ; il ne reconnaît une patrie que parce qu'il y peut être quelque chose. Méfiez vous-en.

FRAGMENT SEIZIÈME.

De ceux qui sont victimes de l'injustice.

> Marcellus est rempli d'une plus vive joie,
> Dans cet illustre exil, ou le tyran l'envoie,
> Que César triomphant, en voyant à ses pieds
> Le peuple et le sénat ramper humiliés.

POPE, *Essai sur l'Homme*,
Traduc. de DU RESNEL.

QUELQUES soient les actes de vertu dont on ait honoré sa vie, souvent on n'a rien fait pour le bonheur ; mais on a tout fait pour la consolation. La vertu doit s'attendre à toutes les injustices, elle doit même être prête à partager l'échafaud dressé pour le crime ; rien ne peut nous mettre à couvert des passions aveugles des hommes. L'homme juste, qui le sait, ne doit, en quelque sorte, en regarder les effets que comme une pierre ou une tuile qui nous tombe sur la tête et nous donne la mort; il doit se dire : je n'ai point mérité mon sort, et il me suffit de sortir de ce monde avec une conscience tranquille. La vertu obscure échappe facilement à l'oppression ; mais il n'est pas de même de celle que l'on a placée aux yeux du public, et qui, s'exerçant dans une carrière plus vaste, a une multitude de spectateurs. On peut dire à la honte de l'humanité, qu'il y a, proportion gardée, autant de magistrats vertueux en butte à la fortune, que de magistrats coupables punis. Cette considération, cependant, ne doit point décourager l'homme qui médite le bien ; car la chance n'est point la même dans les deux carrières : il reste tout à l'homme vertueux, rien ne reste au criminel. Qu'il est amer le sort de cet homme qui, justement puni, ne peut que s'abandonner à son désespoir,

craint

craint de laisser sortir de sa bouche le mot de justice, ou ne le profère qu'en rougissant et avec la pénible conviction de son crime ! Est-il aussi malheureux ce magistrat dont la vertu seule a fait tout le crime, qui conserve encore dans son cœur le souvenir du bien qu'il a fait et qui, conduit même au supplice par une faction criminelle et au milieu d'un peuple égaré, ne cesse point de faire des vœux pour une patrie dont il est toujours digne. Non, il n'a que la mort à souffrir ; le remords n'est point du nombre de ses bourreaux ; ses regards peuvent chercher le ciel avec confiance, le ciel qui, sans doute, n'abandonne l'homme juste sur la terre aux caprices du méchant, que pour lui donner, dans un autre séjour, un prix digne des victoires qu'il a remportées dans ce monde. Il peut dire en mourant: Je suis innocent ; un jour, vous le saurez. Oui, ils le sauront, c'est du sein même de sa tombe que paraîtront sortir ses preuves de justification. Il y aura au moins quelqu'un qui bénira sa mémoire. Et quand une infamie aussi injuste que son supplice devrait couvrir sa tombe , n'en serait-il pas moins mort avec le sentiment de son innocence ? Ce n'est point pour les autres qu'on est vertueux , c'est pour soi , c'est à son cœur qu'on prépare des jouissances vraiment divines , la voix publique n'y fait rien. Cette idée que l'on est innocent dans son malheur élève l'ame , donne à l'homme un courage surnaturel et le place, en quelque sorte, au-dessus des souffrances; c'est un baume salutaire qui se glisse dans le cœur. Il y a dans les maux que l'on souffre injustement , je ne sais quelle jouissance , qui en tempère la douleur et qui fait espérer un avenir plus heureux ; c'est alors que l'immortalité de l'ame, la justice d'un être suprême sont pour nous des pensées délicieuses ; nous jouissons déjà du sort fortuné que nous imaginons que dieu réserve aux hommes qui sont passés purs à travers la corruption de la terre, nous nous plaçons à côté des bienfaiteurs de l'humanité et nous nous en sentons dignes. O vertu ! si tu n'es qu'un vain mot, c'est pour le bonheur terrestre ; pour le bonheur de l'ame, tu es tout.

Qu'il est grand ! qu'il a l'ame belle, cet *Aristide* qui écrit tranquillement le nom qui le proscrit ! il ne haît point les hommes, il plaint leur égarement ; sa patrie est injuste , mais il l'aime toujours. Sa solitude ne dût-elle pas être pleine de charme ? Son exil ne fut qu'un repos honorable. Un ambitieux eut voulu se venger ; son orgueil, son intérêt blessés auraient tenté de mettre Athènes en cendre. L'homme vertueux est trop grand pour vouloir punir une multitude des maux qu'elle lui fait souffrir ; l'humanité est d'un trop grand prix à ses yeux, pour qu'il se croye en droit de verser le sang, ou seulement de manquer aux lois, parce qu'il ne plaît plus au peuple de le voir à la tête du gouwernement. Ce n'est pas pour lui qu'il a gouverné les hommes , c'est pour eux ; il les respecte trop pour les contredire sur son propre mérite ou sur sa justice. S'ils voulaient enfreindre les lois ou mettre en danger la patrie, il serait ferme alors et commanderait aux factieux de rentrer dans le néant ; il ne s'agit que de son intérêt personnel , il obéit. Voilà le juste ; c'est le véritable ami des hommes.

FRAGMENT DIX-SEPTIÈME.

Il faut servir sa Patrie, quelqu'injuste qu'elle soit.

> Passion des grands cœurs ! Amour de la Patrie !
>
> VOLTAIRE.

SE contenter de ne point faire à sa patrie le mal qu'on croit en avoir reçu, c'est simple modération, c'est être honnête-homme, peut-être seulement n'avoir que de la crainte ; mais lui être encore utile au péril de sa vie, lorsque l'on a à s'en plaindre, la sauver dans son danger, comme *Camille*, c'est héroïsme, c'est vertu : voilà mon héros ; c'est la plus noble vengeance que l'homme généreux puisse prendre de

G 3

l'ingratitude naturelle du peuple ; c'est, autant que la faiblesse humaine le permet, imiter la divinité qui , méprisant les injustes murmures du genre humain, ouvre sa main et en laisse tomber les bienfaits qui couvrent la terre et vont enrichir l'ingrat lui-même. Celui qui se sent capable d'une telle action doit porter en lui le germe du vrai bonheur ; mais celui qui l'a faite doit s'estimer le plus heureux des mortels : il a vécu pour le bien et l'honneur de l'humanité.

———

FRAGMENT DIX-HUITIÈME.

Qu'il ne faut point chercher une gloire qui serait funeste à la Patrie.

> Rome, ayant chassé les rois, établit des consuls annuels..... Les princes ont dans leur vie des périodes d'ambition, après quoi d'autres passions et l'oisiveté même succèdent : mais la République ayant des chefs qui changeaient tous les ans, et qui cherchaient à signaler leur magistrature pour en obtenir de nouvelles, il n'y avait pas un moment de perdu pour l'ambition : ils engageaient le sénat à proposer au peuple la guerre, et lui montraient tous les jours de nouveaux ennemis (1).
>
> MONTESQUIEU; *grandeur et décadence des Romains.*

LA plume me tombe toujours des mains, quand je réfléchis que c'est contre les

____

(1) Que Rome nous serve d'exemple ; gardons-nous de jamais prendre nos généraux parmi ceux qui décident *réellement* de la guerre et de la paix ; car les

passions que je combats. Elles sont au-
dessus de tout ce que l'homme peut connaître de bien ; elles triomphent vingt fois
contre la raison une. Ce qu'il y a de plus
décourageant encore , c'est que souvent
leur triomphe est décoré des titres qui
n'appartiennent qu'à la vertu. Ainsi celui
qui ravage la terre, pour le seul plaisir
d'étonner les hommes, est un héros ; ses
victimes elles - mêmes empêchent le remords de déchirer son cœur, en le per-
suadant qu'il n'a agi que par une noble
impulsion , elles décorent ses crimes de
titres pompeux, sa férocité est du courage et le souvenir de ses forfaits une
gloire immortelle. Comment l'homme,

---

passions seules de ceux qui voudraient se distinguer
par le désordre , suffiraient bientôt pour nous mettre
les armes à la main ; ils trouveraient facilement des
prétextes de guerre , et notre commerce , notre tranquillité , des générations entières deviendraient les
victimes de leurs fureurs.

toujours aveuglé sur le résultat de ses actions, ne voudrait-t-il pas être un héros, un homme que l'on exalte, que l'on élève au-dessus de ses semblables, parce qu'il leur a fait le plus de mal ? La fausse gloire est malheureusement celle qui brille le plus, parce qu'elle s'annonce avec éclat, et commande l'étonnement. Un homme qui a fait périr cinquante mille de ses semblables, est sans doute un phénomène sur la terre; les dangers qu'il a courus dans ce massacre, l'art qui a dû le faire parvenir à cet horrible résultat, lui donnent un certain relief; l'éclat qui l'environne, cette gloire de préjugé dont on couvre l'horreur de ses actions, achèvent d'aveugler les malheureux mortels, et ils admirent. Celui qui n'a fait que le bien, est loin d'avoir un pareil succès. Un conquérant, celui qui a fait la guerre, parce qu'il lui a plû de la faire, meurt cependant quelquefois en paix dans son lit, sa

conscience ne lui reproche rien, il ose
même se confier dans les dieux ; c'est à
mon avis, dans ce cas, le plus grand
triomphe des préjugés sur les vérités
éternelles de la nature. Un malheureux
qui a assassiné un seul individu, expire
au milieu des remords et des craintes,
s'il échappe à la justice humaine. Quel
est donc le plus coupable ? C'est ici qu'il
serait presque pardonnable de proférer le
blasphême de Brutus.

Quand la patrie remet ses moyens
entre nos mains, ce n'est point pour que
nous en abusions, c'est pour que nous
les tournions à son profit même. Celui
qui, plein du desir de se distinguer,
oublie qu'il n'a été élevé que pour faire
le bien public et préfère sa gloire à celle
de son pays, est un homme dangereux
prêt à devenir coupable ; que dis-je ? il
l'est du moment où il n'ose voir que lui,
lorsqu'il ne devrait pas même y songer.

Mais y a-t-il des lois qui le punissent, ainsi que ce général romain , qui subit la peine de mort pour avoir vaincu, lorsqu'il lui était défendu de combattre? Non ; il n'a que sa conscience, et c'est une bien faible garantie pour le peuple.

———

FRAGMENT DIX-NEUVIÈME.

L'homme public doit être en garde contre la séduction et ferme contre l'ambition qui veut perdre la patrie.

> La vertu peut vivre, mais ne fructifie jamais dans un cœur faible.

LE législateur et le magistrat ont trop peu pour leurs places quand ils n'ont que de la probité et des lumières ; il leur faut encore du courage pour s'opposer à celui qui veut franchir la barrière des lois, et du discernement pour ne point se laisser entraîner involontairement à la séduction. C'est dans leurs mains qu'est remis le dépôt sacré des lois conservatrices de la liberté ; ils n'ont jamais le droit d'être faibles, il n'est pas permis de les absoudre de l'avoir été. Leur collègue , leur ami même manifeste-t-il une opinion dangereuse; ils doivent s'élever contre lui et appesantir sur sa tête ces lois mêmes qu'il veut fouler à ses pieds. Nulle considération , amitié , reconnaissance, crainte, rien ne doit retenir l'homme public , *il ne s'appartient plus à lui-même* , avons-nous dit , et il serait coupable de rendre les lois aussi faibles que son cœur est généreux. J'ai le droit de pardonner à mon ennemi, mais non à celui de la patrie ; ce n'est point ma cause ici, c'est celle de la République, et la République ne parle que par ses lois. L'homme public, qui prévoit l'égarement de son ami , peut et doit employer tout ce qui est en son pouvoir pour le ramener dans la voie de l'honneur ; c'est ici le rôle de l'ami ; celui de l'homme public doit lui succéder aussitôt, et ce n'est plus le même. Ce Brutus, que les hommes superficiels condamnent si inconsidérément, ne pouvait pardonner à ses enfans coupables ; le pardon ne dépendait point de lui ; Rome entière devait parler par sa bouche, et Rome en danger ne pouvait laisser vivre ses ennemis. Brutus eût peut-être pû se dispenser d'être juge , mais c'était tout ce qu'il pouvait se permettre. L'ambition lâche et intéressée, qui tourmentent tant d'hommes, les aveugle, sans doute , sur les devoirs impérieux de l'homme en place; s'ils osaient les compter et réfléchir sérieusement sur les conséquences terribles qui résultent de l'oubli de ces devoirs, leurs desirs insensés les feraient frémir de crainte. Celui qui accepte une place éminente, celle où l'on tient le bonheur et le malheur des hommes dans sa main, est imprudent , ou méprise ses semblables, ou se sent bien fort en vertus.

FRAGMENT VINGTIÈME.

Il faut refuser les places auxquelles on n'est pas propre.

C'est le devoir du véritable ami des hommes.

C'EST un crime que d'accepter une place dont on ne se sent point capable de remplir les devoirs ; on y laissera faire beaucoup de mal, et l'on n'y saura faire aucun bien ; c'est porter le désordre dans la société. C'est de cette ambition criminelle qui nous fait croire que nous sommes propres à tout ce que nous desirons, que nous est venu une partie des maux qui ont accompagné notre révolution. L'artisan crut pouvoir être législateur, le marchand voulut être général ; et l'ambition de quelques particuliers frénétiques nous valut des lois ridicules et la mort de plusieurs milliers d'hommes. L'homme de bien commence par examiner ses moyens, et si, par hazard, il a de l'ambition, il la dirige alors vers le but où il peut se rendre utile. Comment sortent-ils des places, ces stupides et coupables ambitieux qui ne les desirent que pour le gain et la puissance ? Ils en sortent avec le mépris et la haine du peuple ; juste haine, juste mépris, et trop faible punition de celui qui a attiré quelque malheur sur sa patrie. De deux choses l'une, celui qui n'est pas propre à la place qu'il desire, est un sot ou un scélérat : sot, s'il ne sait point ce qui lui manque ; scélérat, s'il se mocque des maux qu'il vaudra à ses semblables.

Il n'y a cependant point de honte à dire : Je n'ai point étudié les lois, je ne connais point les détails de l'administration, ou j'ignore la tactique militaire ; un honnête-
homme

homme est au-dessus de ces aveux, ils sont même honorables pour lui, ils prouvent son respect pour l'humanité. S'il ne sait que se battre, il n'aura point la stupidité de se laisser placer à la tête du gouvernement où il ne connaît rien ; s'il n'est qu'administrateur, il se gardera bien d'aller conduire les armées à la boucherie, parce que vous aurez eu la sottise d'en faire un général ; il aura trop de probité pour concourir avec vous au désordre de l'état et au déshonneur de sa patrie ; il sait ce qu'il vaut et ce qu'il ne vaut pas, et sa modération est le premier bien que lui doit son pays. Malheur au gouvernement où cet étrange renversement de choses est amené, ou seulement toléré par ceux qui peuvent y apporter le bon ordre ; car il se trouvera toujours assez d'hommes ineptes ou scélérats pour saisir l'occasion de faire le mal qui leur est profitable !

H

FRAGMENT VINGT-UNIÈME.

De la Politique qui base sa puissance sur le sang et les ruines.

> Ils veulent, par le crime, amener le bonheur.

IL est une politique astucieuse, abominable, inventée par des tyrans qui ne se sentaient pas assez forts, et dont les maximes, devenues axiômes politiques, nous sont venues de l'Italie avec les livres de Machiavel. Cette politique porte pour base, que tout ce qui concourt au but que nous nous proposons, est bon ; la vertu utile ne vaut pas plus, dans ce cas, que le crime qui a le même degré d'utilité ; les moyens ne sont estimés qu'en raison de leur réussite. Le bonheur du genre humain n'entre pour rien dans ce calcul; l'état est tout, et ce mot, alors vuide de sens, peut tout au plus signifier la force de celui ou ceux qui gouvernent. Si l'on croit pouvoir retirer quelque avantage à ruiner le commerce de la nation voisine, ou a détruire cette nation elle-même, la guerre est déclarée, cent mille hommes périront, et l'on pourra vendre du sucre et de l'indigo plus facilement, ce que l'on aurait également pu d'après un traité passé sous les auspices de la bonne-foi. Cette politique, qu'il n'est pas dans mon plan d'examiner, mais que je devais indiquer, gouverne depuis long-tems l'Europe; aussi peut-on assurer qu'il n'est pas un gouvernement qui se fie sincèrement en un autre. C'est une défiance réciproque, défiance bien fondée, puisque la puissance de chaque Etat semble ne reposer que sur la faiblesse de celui qui l'avoisine. Cette politique affreuse n'a déjà que trop déshonoré notre

République naissante, et cela au mépris de
nos premiers principes; principes sans doute
trop sages pour ces avides et turbulens politiques qui ont ouvert, chez nous, la porte
à tous les malheurs (1).

-----

(1) Elle était digne d'un peuple généreux et libre ,
cette loi qui nous interdisait les conquêtes. Ceux qui
l'ont fait disparaître de notre code avaient bien raison de dire qu'elle contrariait les passions humaines ;
elle contrariait, sans doute , beaucoup leur ambition ,
et ce desir de tout remuer pour mieux profiter du
trouble. Ils nous ont fait des ennemis autant qu'ils
ont pu ; ils ont fait périr les trois quarts de notre
jeunesse ; ils nous ont épuisé , et , après nous avoir
promené d'angoisses en angoisses , ils ne nous ont
pas même laissé l'espérance pour consolation. Les
malheureux ! en semblant embrasser les plus chers
intérêts de la Patrie , ils faisaient tout ce que ses plus
cruels ennemis auraient pu faire. Ils semblaient nous
enivrer de gloire , lorsqu'effectivement ils nous dé-
truisaient par nos propres succès. Qu'ils ne disent pas
que nos ennemis nous ont forcé à une guerre éternelle ; si , eux-mêmes, n'écoutant que nos vrais intérêts , et n'envisageant que notre situation , avaient
été plus modérés , et s'ils n'eussent pas mis un sot
orgueil où il ne fallait que de la noblesse, nous joui-
rions de cette paix si desirée , si nécessaire ; et la
France serait , en ce moment, la nation la plus res-

Cette politique est une invention in-
fernale, et ne sera que la ressource des

---

pectable et la plus puissante. Dieu veuille qu'ils ne nous aient pas perdu entièrement !

L'intérêt et l'honneur d'un gouvernement qui, pour premier principe, admet le respect de l'homme, est de ne faire la guerre que lorsqu'il ne peut s'en dispenser. Son devoir, son plus sacré devoir, est de faire tous les sacrifices pour avoir la paix ; un coin de terre étranger ne doit jamais être en balance avec la vie de plusieurs milliers de citoyens. Point de paix chez nous, mais facilement à la frontière. Mais une Nation qui ne veut point faire la guerre s'amolit bientôt, direz-vous. Voilà un beau prétexte pour tourmenter le genre hu-main ! Qui vous dit d'éteindre le feu du courage et d'étouffer l'esprit militaire. Vous avez une loi qui porte : que tout citoyen de vingt à vingt-cinq ans est soldat-né ; eh bien ! que la jeunesse soit tenue de se livrer à des exercices militaires ; qu'à certaines épo-ques également elle soit passée en revue au chef-lieu du département. Vous pourrez alors, en un mo-ment, avoir une armée formidable et instruite, vous ferez peu la guerre, et vos voisins craindront de vous la faire. Cette marche est bien simple, et c'est de sa simplicité même que j'ose inférer qu'elle ne sera jamais suivie. Le mal qui exige beaucoup de sacrifices est précisément ce que l'on fait toujours avec le plus de facilité.

H 3

mal-honnêtes-gens ; un homme probe à la tête des affaires ne se dégradera jamais au point de s'y abaisser, et de flétrir l'honneur de sa patrie par des ressources aussi criminelles. A cet égard , on dirait que tous les gouvernemens d'Europe sont entre les mains des coquins les plus déliés ; et que celui-là qui a une scélératesse plus fine , est le plus habile homme d'état. L'art n'est pas d'épargner les crimes ; mais de les voiler. Ce n'est pas ainsi que gouvernent les véritables amis de l'humanité : selon eux, l'homme d'état ne doit pas seulement être habile, il faut encore qu'il soit d'une probité qui ne lui permette jamais de compromettre l'honneur de la Nation.

Mais que dirai-je de cette politique, quand elle n'est employée que pour l'intérêt seul de celui qui gouverne ? c'est alors le crime des brigands déterminés. Les assassinats , les empoisonnemens , les troubles populaires , tout est en action, tout est justifié. Les monstres qui se jouent ainsi de ce qu'il y a de plus sacré chez les hommes, sont au-dessus des considérations qui pourraient retenir les autres ; ils se rient de ce qui effraye l'honnête-homme ; leur parler des remords, de justice divine, c'est qu'exciter leur rire dédaigneux par des mots qui leur paraissent insignifians ; ils ne craignent que la vengeance ou la justice humaine, et s'ils respectent encore l'homme, c'est parce qu'ils savent qu'il peut manier le poignard ou le pistolet. Que puis-je dire à de pareils hommes dans un ouvrage où je n'ai intention que de parler au cœur de celui qui n'est pas encore en-tièrement corrompu ? Rien ; il me suffit de les avoir signalé, et de dire à mes con-citoyens que l'impunité de ces monstres est un fléau pour l'humanité, et que les souffrir, c'est leur donner le tems de de-venir nos tyrans reconnus. Sous de tels hommes, rien n'est sacré ; hâtez-vous de les renverser lorsqu'ils paraissent ; car ils ne craindront pas de répandre votre sang, s'il est utile à leurs intérêts. Le crime n'est qu'un jeu pour eux ; ils font assassiner leur ennemi pour leur sûreté , et celui qui l'a assassiné pour cacher leur crime. Si leur ennemi ne veut point périr, il doit se hâter d'en débarrasser la Patrie ; il ne lui reste que ce moyen pour se soustraire à leur fureur. C'est ainsi volontiers que la terre est délivrée des monstres qui la souillent de sang. Avis à ceux qui le répandent. Leurs crimes nécessiteront des crimes , mais ne les mettront jamais en sûreté. Quant au bonheur, je leur défie d'y prétendre.

FRAGMENT VINGT-DEUXIÈME.

Que les sueurs et le sang du Peuple soient épargnés.

POUR l'homme en place, c'est, sans doute, beaucoup que de rendre les choses comme on les lui a remises ; il est cependant loin d'avoir fait son devoir, s'il lui a été possible de mettre quelque mieux dans la partie qui lui a été confiée. S'il a réellement senti dans son cœur l'amour du bien public, il doit, lorsque le pouvoir est retiré de ses mains, éprouver des remords au souvenir des occasions où il a négligé de faire le bien qui était à sa portée. Le premier devoir de l'homme public, celui qui est l'ame de tous les autres, est de chercher sans cesse les moyens d'alléger les charges qui pèsent sur le peuple. Chez une Nation libre où l'on n'a le droit d'exiger du citoyen rien que ce qui est essentiellement nécessaire à la patrie, les impôts et la guerre doivent être à-peu-près les seules charges ; c'est donc de ce côté que celui qui est tenu de veiller à l'intérêt public doit tenir ses regards fixés ; car le fruit des sueurs du peuple doit être épargné et son sang religieusement respecté. Ce devrait être un jour de deuil pour le législateur, que celui où les besoins de l'état le forcent à créer un nouvel impôt. Quant au jour où il doit prononcer la déclaration de guerre, s'il osait réfléchir aux conséquences terribles qui en doivent résulter, je pense assez bien de l'humanité pour croire qu'il le verrait comme le jour le plus malheureux de sa vie. Je sais bien que les politiques de profession s'avisent peu de raisonner sur ces objets, leur morale est rarement celle de l'homme, ils calculent

froidement les maux et les jours des citoyens, sans connaître ni le poids des uns,
ni la valeur des autres ; on dirait que d'une
nature différente, les maux et la vie sont
des choses étrangères à leur sort. S'ils hé-
sitent à charger le peuple , c'est qu'ils
craignent ses murmures et non son malheur. Une vétille leur suffit pour déclarer
une guerre sanglante. Ils n'envisagent jamais que le résultat du tout, les détails
ne sont rien pour eux. Il suffit qu'on
triomphe ; trente mille familles dans les
pleurs n'entrent point en comparaison avec
une victoire. A de pareilles considérations,
que l'histoire malheureusement ne permet
pas de traiter de chimères, on serait tenté
de croire que ce sont les hommes les plus
insensibles qui se sont toujours trouvés à
la tête des affaires. Ne le croyons pas cependant : sur cent guerres, il y en a soixante
allumées par passion ; plus de cinquante
par des préjugés décorés des beaux noms
de raisons d'état, d'honneur national, etc.

et deux ou trois déclarées justement. L'ambition, la rage d'acquérir de la célébrité
n'ont pas toujours bouleversé seules le
monde; il y a des préjugés politiques aussi
funestes que ces passions terribles (1). C'est

---

(1) Il serait bien digne d'un homme d'état, vraiment philosophe et sincère ami des hommes, d'examiner, au flambeau d'une raison saine et au-dessus
des préjugés., toutes ces maximes qui régissent les
empires, et font un crime national de ce qui ne
peut-être que celui de quelque particulier. Il serait
tems de les réduire à leur juste valeur, et de savoir
si des nations entières doivent être décimées pour
quelques points d'orgueil, pour quelque vengeance
inutile, ou toute autre raison aussi frivole. Les nations
sont comme les particuliers, elles ont des préjugés
dangereux, et sur lesquels il est bon qu'on les éclaire.
La philosophie a à-peu-près détruit chez nous cette
opinion barbare, que deux hommes, deux amis souvent, devaient se couper la gorge, parce qu'ils s'é-
taient manqués quelquefois involontairement ; elle
pourra peut-être aussi la détruire chez les nations ;
je veux dire l'affaiblir, car on ne détruit jamais le
mal qui tient aux passions ; mais un roi honnête-
homme, un gouvernement, par hazard, composé
d'hommes sages, peuvent, éclairés par la raison,
s'élever un moment au-dessus des maximes vulgaire,

contre ces préjugés que l'homme d'état doit être en garde ; souvent ils lui font faire un mal terrible à la nation qu'il veut, cependant, servir. Sa conscience, une fois avertie, doit hésiter jusqu'au moment où il a sérieusement pesé, d'abord la justice de la cause qu'il s'agit de défendre, et ensuite les risques qu'il y a à courir et les avantages réels que le peuple qui va répandre son sang doit en retirer ; mais avant tout, il doit se convaincre que le peuple, ici seul intéressé et seul sacrifié, veut cette guerre ; autrement c'est un attentat à la liberté, c'est l'acte d'un despote qui ne consulte que sa volonté, et ne compte pour rien le troupeau docile qu'il tient sous sa verge.

Si c'était ici un ouvrage politique, j'entrerais dans des détails nécessaires ; j'exa-

---

et épargner à deux nations une guerre qui aurait couté cent mille hommes et le bonheur à deux peuples ; et c'est beaucoup que cent mille hommes de plus et un quart de siècle de tranquillité.

minerais si cette politique atroce et im-
prudente qui veut toujours détruire, affaiblir, ou seulement humilier, n'est pas
plutôt propre à exciter une vengeance
terrible, à donner le desir et le prétexte
d'une guerre aussitôt renaissante que l'ennemi en a le pouvoir; je pourrais dire à cet
égard, ce que le simple bon sens dicte,
ce qui entrait dans la politique d'un peuple
trop puissant pour être méprisé, mais trop
généreux pour user de toute sa force; ce
qui convenait à une République naissante,
qui, vue avec peine au milieu de l'Europe,
avait un si grand besoin de mettre la
justice de son côté; je pourrais décou-
vrir l'ineptie et le crime de ces mirmidons,
qui, inaccoutumés au pouvoir, et sur-tout
à la vraie grandeur, se sont crus plus que
des rois, ont voulu avoir le ridicule de
commander à l'Europe, et nous ont épuisé
pour nous faire paraître injustement grands,
lorsqu'avec une générosité délicate nous
pouvions si facilement nous faire estimer,

jouir d'une paix glorieuse et d'une puissance que nul n'aurait osé attaquer; mais
il n'est point dans mon dessein d'en venir
aux faits , je ne veux que parler à la
conscience de l'homme public ; c'est à son
cœur que je m'adresse , c'est sa conduite
morale que je trace ; il me suffit de l'avertir
que, pour vouloir ce qu'il convient aux
hommes, il faut être au-dessus de leurs
préjugés, au-dessus même des circonstances
qui semblent nous commander, qu'il faut
enfin être éclairés et courageux.

FRAGMENT VINGT-TROISIÈME
ET DERNIER.
Réflexions sur la brièveté de la vie.

> L'homme sage se dit : je n'ai que deux jours à vivre, dois-je les obscurcir par le souvenir de mes crimes ?

QUAND on songe à la brièveté de la vie, on a toujours de la peine à concevoir comment, parmi cette foule qui ne glisse qu'un instant sur la terre, il peut se trouver tant d'hommes criminels, tant d'êtres qui se plaisent à empoisonner cette légère existence, à la couvrir d'ignominie. Je ne sais pas quelle satisfaction peut compenser le mépris qui couvre l'homme avili, le châtiment qui atteint le coupable, le remords qui tourmente le criminel ; mais j'aime à croire que celui qui a passé les bornes de la justice, voudrait, pour bien des choses, revenir en deça. IL N'EST PLUS TEMS. Cette idée devrait faire trembler, et ne jamais sortir de l'esprit.

l'homme

L'homme oublie trop souvent que la vie n'est volontiers que la chimère d'aujour-d'hui qui doit s'évanouir demain ; voilà pourquoi il se rend coupable avec autant de tranquillité que s'il devait rester éternellement sur la terre.

Souille-toi de crimes, malheureux, dépouille tes frères, trempe tes mains dans leur sang ; demain la mort viendra te surprendre. C'était bien la peine de se rendre le fléau de ses semblables.

Oserai-je parler de l'attente d'une autre vie dans un siècle où notre ignorance, à ce sujet, semble nous donner la certitude d'un anéantissement total ? C'est envain qu'à l'aide d'une scélératesse continuelle, ou d'une apathie profonde, on parvient à endormir le remords et à étouffer les craintes ; cela ne prouve rien contre la justice à venir du souverain Être. De deux choses l'une ; ou cette justice existe ou elle n'existe pas : si rien ne nous assure son existence, quoi nous assure qu'elle n'existe pas ? Cette ignorance seule devrait nous retenir dans la voie de la justice. Il y a tout à espérer en faisant le bien , et tout à craindre en faisant mal.

La vie n'est qu'un moment dans l'éternité ; mais les lâches la trouvent assez longue pour manquer à toutes les vertus, et les hommes d'un vrai courage pour s'honorer par ces vertus mêmes. Celui qui , en se rendant coupable, donne ce moment aux craintes de la justice des hommes et du ciel , est un insensé qui n'aura certainement pas joui de la vie lorsqu'il faudra l'abandonner.

CONCLUSION.

JE termine ici ces réflexions saisies au hazard, et que je présente sans en attendre beaucoup de succès. Je me suis , peut-être, quelquefois trop étendu ; je suis pourtant loin d'avoir dit tout ce qu'il y avait à dire ; mais en fait de morale, on dit toujours plus que les passions ne permettent de faire , et il est rare que nous ne soyons pas bien au-dessous de ce que nous savons. L'homme qui fait le mal, n'ignore pas que c'est le bien qu'il doit faire, et si l'on s'adresse à lui, c'est moins pour lui montrer son devoir que pour le lui rappeler.

J'ai vu les maux de ma Patrie avec douleur, et je n'ai pu me refuser à la pénible conviction qu'une partie en est due à des hommes que nous avons honorés de notre confiance. Le bonheur même de la Patrie a servi à les corrompre. A peine ont-ils eu fait quelques efforts pour concourir à sa liberté , que les lâches, abusant du plaisir que nous avions eu à les placer à notre tête, se sont presque cru nos maîtres et ont méprisé les vertus qu'ils nous avaient vantées. Ils ont oublié leurs devoirs ; et c'est de cet oubli que sont nés les maux qui succèdent à ceux que nous voyons se dissiper.

Gardons-nous de jamais désespérer cependant , et faisons avec empressement tout ce qui est en notre pouvoir pour le salut ou l'utilité de la Patrie, c'est de ce concours unanime que naîtra son bonheur. Il y a peu de tems, placé dans les rangs des soldats, je lui offrais mes fatigues, mon sang, ma vie ; j'ai d'autres devoirs aujourd'hui ; mais j'essaye encore de la servir directement. Je n'ai pû que ce que j'ai fait ; c'est un gage de mon amour que je dépose avec une espèce d'orgueil au pied de son autel. Si j'en dois croire mon cœur, mon langage tout incorrect qu'il est, peut encore plaire à l'honnête-homme, ce sont ses pensées, ses desirs que j'exprime. Ce langage peut toucher le cœur de l'homme faible qui balance entre l'honneur et l'opprobre ; je l'ai crû, et voilà pourqui j'ai écrit. Si ma plume n'est pas assez forte, s'il faut un grand talent pour attirer l'attention sur un ouvrage qui peut devenir comme la seconde conscience de l'homme public ; je me croirai encore trop heureux d'avoir donné une idée utile à un plus habile que moi.

F I N.